COMM003PO

BRANDING EN EL SECTOR DE PUBLICIDAD

COMM003PO

BRANDING EN EL SECTOR DE PUBLICIDAD

Miguel Ángel San Juan

La ley prohíbe
fotocopiar este libro

COMM003PO - BRANDING EN EL SECTOR DE PUBLICIDAD
© Miguel Ángel San Juan
© De la edición: Ra-Ma 2024

Editado por:
RA-MA Editorial
Calle Jarama, 3A, Polígono Industrial Igarsa
28860 PARACUELLOS DE JARAMA, Madrid
Teléfono: 91 658 42 80
Fax: 91 662 81 39
Correo electrónico: *editorial@ra-ma.com*
Internet: *www.ra-ma.es* y *www.ra-ma.com*
ISBN: 978-84-10181-65-6
Depósito legal: M-5887-2024
Maquetación: Antonio García Tomé
Diseño de portada: Antonio García Tomé
Filmación e impresión: Safekat
Impreso en España en febrero de 2024

A todos los compañeros que en estos años han hecho posible que aprendiese, errase, acertase y me convirtiera en alguien mejor, porque sin ellos este libro no existiría.

Y a Antonio, por hacer posible de todas las formas imaginables mi dedicación de varios meses de investigación y escritura necesarios para que hoy este manual esté en tus manos.

ÍNDICE

AUTOR 9

NOTA DEL AUTOR 10

ALGUNAS CUESTIONES ANTES DE EMPEZAR 13

BLOQUE I. LA MARCA COMO BASE SOBRE LA QUE SE SUSTENTA TODO 15

CAPÍTULO 1. EL *BRANDING* CORPORATIVO 17

    1.1   LOS OBJETIVOS DEL *BRANDING* 18

    1.2   NUESTRA MARCA GENERA EXPERIENCIAS 22

    1.3   ERRORES COMUNES EN CUANTO AL PAPEL DE NUESTRA MARCA 24

CAPÍTULO 2. LA IDENTIDAD CORPORATIVA: ¿CÓMO SOMOS Y QUÉ HACEMOS? 26

    2.1   PILARES Y COMPONENTES DE LA IDENTIDAD 27

    2.2   LA IDENTIDAD VISUAL 31

        2.2.1   El *naming* 31

        2.2.2   La arquitectura de la marca 32

        2.2.3   El estilo y diseño de los productos o servicios 37

        2.2.4   El espacio físico 37

    2.3   LA IDENTIDAD VERBAL 38

        2.3.1   La voz 38

        2.3.2   El estilo 38

        2.3.3   El tono 39

    2.4   LA CULTURA CORPORATIVA 40

    2.5   EL MANUAL DE IDENTIDAD 44

CAPÍTULO 3. LA NOTORIEDAD CORPORATIVA: ¿CUÁNTO NOS CONOCEN? 48

CAPÍTULO 4. LA IMAGEN CORPORATIVA: ¿CÓMO NOS VEN? 51

    4.1   ELEMENTOS QUE CONSTRUYEN LA IMAGEN 51

    4.2   FUNCIONES DE LA IMAGEN CORPORATIVA 52

    4.3   CONSTRUYENDO LA MEJOR IMAGEN POSIBLE 54

CAPÍTULO 5. LA REPUTACIÓN CORPORATIVA: ¿CÓMO NOS VALORAN? 57

CAPÍTULO 6. LA LEALTAD HACIA NUESTRA MARCA.. 60

RESUMEN 68

BLOQUE II. COMUNICACIÓN INTERNA Y EXTERNA... 69

CAPÍTULO 7. LA COMUNICACIÓN INTERNA 70
7.1   OBJETIVOS DE LA COMUNICACIÓN INTERNA 71
7.2   LOS CANALES DE COMUNICACIÓN INTERNA 74
7.3   CÓMO PLANIFICAR LA COMUNICACIÓN INTERNA 76

CAPÍTULO 8. LA COMUNICACIÓN EXTERNA.. 78
8.1   MEDIOS DE LA PROPIA COMPAÑÍA...81
    8.1.1   La página web..81
    8.1.2   El blog y la *newsletter* 87
    8.1.3   Las redes sociales 94
    8.1.4   Revistas, memorias, dosieres y presentaciones.............................100
    8.1.5   Vídeos corporativos 103
8.2   MEDIOS PAGADOS...106
    8.2.1   La publicidad 106
    8.2.2   El patrocinio 113
8.3   MEDIOS GANADOS 115
    8.3.1   Comunicaciones dirigidas a los medios: la nota de prensa.............117
    8.3.2   Ruedas de prensa y encuentros con periodistas.........................121
    8.3.3   Enfrentarse a una entrevista para la prensa 125
    8.3.4   Los artículos o columnas de opinión 127
    8.3.5   El dosier de prensa 129
    8.3.6   El *clipping* de prensa 129
    8.3.7   La importancia de los buenos portavoces.....................................131
8.4   LAS RELACIONES INSTITUCIONALES...136

RESUMEN 140

BIBLIOGRAFÍA BÁSICA 141

AUTOR

MIGUEL ÁNGEL SAN JUAN es consultor especialista en comunicación corporativa y formador de directivos en portavocía, oratoria, comunicación estratégica e inteligencia emocional. Licenciado en Periodismo por la Universidad de Valladolid (2011), colabora con diferentes medios de comunicación y ha desarrollado su carrera profesional ayudando a distintas marcas en la creación de su identidad y su imagen, a asegurar su notoriedad pública y a velar por su buena reputación. Como escritor, ha publicado varios libros de poesía y narrativa y ha escrito varias obras teatrales, además de ser coautor de la colección de cuentos infantiles *'Fábulas por la diversidad'*. Con una dilatada experiencia en el sector social, busca, a través de las palabras, sensibilizar sobre la importancia de abrazar la diversidad, que nos enriquece como seres individuales y también como sociedad.

NOTA DEL AUTOR

Tengo que empezar por hacer una confesión que es clave para que haya podido escribir este libro: cuando finalicé mis estudios de Periodismo, allá por el año 2011, sufrí una crisis motivacional respecto a una profesión que se presupone vocacional: ya tenía el título, ya era periodista y, de pronto, ya no quería ejercer el periodismo, no al menos en el modo en que contemplaba su ejercicio a mi alrededor. Mi situación personal no me permitía sumarme a engrosar las listas de chavales en prácticas y becarios que cobraban —si lo hacían— salarios irrisorios por ser los "chicos para todo" de la redacción de la emisora de radio o el periódico local. Eso es lo que les estaba ocurriendo a los compañeros que habían comenzado a colaborar en algún medio, que además se quejaban porque aquello de la objetividad que nos habían contado no era cierto: tenían que comulgar con el ideario del medio que les imponía su sesgo a las informaciones que redactaban. Más tarde entendería que la *objetividad* realmente, y tal y como la habíamos entendido hasta entonces, no existe, y es la bandera de la *veracidad* la que en realidad debemos enarbolar los comunicadores.

Estudié periodismo porque mi pasión es la escritura, contar historias, y hacerlo en libertad, sin que nadie me imponga el enfoque que debo darles. Quizás por ello, antes de acabar la carrera ya me había lanzado al mundo de la literatura y tenía en un cajón el manuscrito de mi primera novela. Decidí entonces probar suerte con otros trabajos que me permitiesen subsistir decentemente y no requiriesen estrujarse mucho los sesos para así, al volver a casa, poder centrarme en mi pasión: escribir, escribir y escribir. Fui botones en un hotel y dependiente de comercios de moda durante más de cinco años. Las exigencias del huésped pedante o de la cliente que no me dejaba cogerle el bajo de la falda porque prefería que lo hiciera una *"chiquita"* y no un veinteañero con barba de tres días se quedaban allí, en el trabajo, cuando colgaba mi uniforme verde con ribetes dorados o bajaba la verja de la tienda. Desde ese momento, comenzaba mi vida real: la de mis fantasías literarias.

Recuerdo pasar horas y horas sentado en la recepción de aquel hotel sin que un cliente requiriese de mis servicios o doblar una y otra vez el mismo montón de jerséis ordenados por tallas de menor a mayor y por colores mientras mi cabeza, que ya se sabía de sobra las normas del hotel y cuáles de sus más de doscientas habitaciones tenían o no terraza o jacuzzi, o las referencias de cada prenda y el origen de su lana, deambulaba ansiosa por un mundo imaginario, deseando que la retornase a casa para dejarle vomitar sobre el papel o en el ordenador todo aquello que ideaba sin descanso. Escribí decenas de relatos, una segunda novela, alguna pieza de teatro, incluso un guión de cine. Logré encontrar una editorial con la que publicar mi primer libro y me reunía con la concejala de cultura para organizar su presentación —gracias desde aquí, Mercedes, por amadrinarme en mis inicios—; o con el director del festival de cine de la ciudad para ver si aquel guión le interesaba; llegué incluso a montar mi propia compañía de teatro y a estrenar una obra infantil cuya secuela, aún hoy, tantos años después, rueda de vez en cuando de sala en sala, de pueblo en pueblo. Esa era mi vida real fuera del trabajo de turno: la comunicación, las palabras, el arte a través de las letras leídas, recitadas, declinadas... El periodismo había quedado aparcado, pero no las palabras; no la comunicación.

Hasta que un día una directiva de una organización madrileña se puso en contacto conmigo para abrirme las puertas del mundo de la empresa desde una perspectiva diferente. Lo más parecido que había hecho a lo que estaba a punto de descubrir eran pequeñas colaboraciones en la organización de eventos empresariales o en la Semana Internacional de Cine de Valladolid, pero las cosas estaban a punto de cambiar. Yo había puesto, muchos meses atrás, un anuncio en internet, hastiado de elaborar currículums, cartas, discursos y otros escritos a coste cero a quienes consideraban que tenía buena pluma para redactar casi cualquier cosa. Nadie escribió o llamó tras ver ese anuncio hasta que ella lo hiciera, esa directiva, cuando yo había olvidado ya la existencia del mismo. Desde entonces, comprendí que las palabras podrían servir para mucho más y que la comunicación podía ser también social, institucional, corporativa; que el mundo del periodismo que había estado estudiando durante cinco años en la facultad podía derivar en otros territorios que la universidad, por desgracia, no nos había invitado a explorar.

Desde aquel momento, he dedicado mi carrera profesional a poner mi granito de arena en beneficio de la sociedad a través de la comunicación y a llevar a las marcas a mejorar su posicionamiento, su notoriedad, su reputación y prestigio, logrando reforzar el compromiso social de las organizaciones con las que he trabajado y vinculando su negocio y sus valores con las necesidades y, sobre todo, con los deseos de sus públicos. Seguro que igual que tú si ya llevas algunos años en el mundo laboral, no solo he aprendido cosas maravillosas y me he enriquecido como profesional, sino que también me he topado con situaciones injustas, compañías abusivas con sus trabajadores y jefes poco profesionales o absolutamente ignorantes en aquella área que debían liderar. Y todo ese bagaje, por si pudiera serte de ayuda, también está en este manual, que no pretende sino servirte, como periodista o profesional de la comunicación, para adentrarte en el terreno de la comunicación corporativa y de otras disciplinas relacionadas, como el marketing, por el que también deambularemos juntos en las siguientes páginas.

¡Ah! Además, en estos años me he dedicado a escribir novelas, relatos, poesía, guiones teatrales y cuentos infantiles. Porque ese uso de las palabras me sigue apasionando, tratando de pellizcarle el alma a niños y adultos con mis historias. Y este es mi primer consejo en este libro: **no abandones nunca lo que te agita el alma.**

Miguel Ángel San Juan

ALGUNAS CUESTIONES ANTES DE EMPEZAR

1. A lo largo del libro, aparecen recuadros bajo el título *¡Atención! Jefe a la vista*, que detallan situaciones reales en las que un mal líder, un jefe, actúa de forma indebida en relación al tema que se esté tratando en ese momento. Son una forma de llamar la atención sobre ciertas problemáticas o casuísticas que podrías encontrarte y que yo mismo, o terceros, ya hemos enfrentado. Algunas, por desgracia, demasiado comunes en nuestro ámbito de trabajo. Debemos estar alerta a ellas para no tolerarlas.

2. Del mismo modo, en distintos momentos vas a encontrarte algunos párrafos enmarcados por dos líneas que vienen a realizar algún tipo de **aclaración al respecto de lo que estamos hablando o que aportan información complementaria** que he considerado que merecían más que una simple nota al pie, ya que pueden enriquecer el contenido principal, como puede ser un ejemplo concreto.

3. Además de los ejemplos que se citan a lo largo del libro para facilitar la comprensión de ciertos capítulos, antes de finalizar algunos de los bloques se incluyen también ciertos **casos reales** relacionados con el contenido expuesto, generalmente casos de éxito, aunque también he incluido un ejemplo de cómo no hacer las cosas, pues lo he creído más evidente e ilustrativo en ese caso.

4. **Al final de cada bloque, encontrarás un breve resumen** por puntos del contenido expuesto a lo largo del mismo, a fin de ofrecerte las claves y refrescar la memoria, ya que en ocasiones hablaremos de diferentes conceptos que pudieran relacionarse o incluso confundirse. Es un modo, también, de fijar los contenidos que hemos ido exponiendo de una forma más sencilla y asegurarnos que lo hemos comprendido todo adecuadamente.

5. Para facilitar al lector la comprensión a las alusiones que se realizan en el libro a los colores de las imágenes, se ha optado por incluir dichas imágenes como material adicional descargable desde la web del libro donde los lectores podrán visualizarlas digitalmente.

BLOQUE I

LA MARCA COMO BASE SOBRE LA QUE SE SUSTENTA TODO

Lo primero que se nos viene a la mente cuando pensamos en una empresa que conocemos es su marca, o más bien su logo, aunque la marca es mucho más que eso, como vamos a ver: el tipo de letras de su logotipo, los colores que predominan en él, los elementos gráficos que lo integran, etc. Pensemos, por ejemplo, en el triángulo verde de una famosa cadena de centros comerciales española con sus letras en blanco en el interior o en la letra eme amarilla de una famosa hamburguesería. Sin decir el nombre de estas empresas, todos reconocemos su marca y sabemos de quiénes estamos hablando. Pero también podríamos pensar de forma inmediata en otros atributos, algunos no tangibles, de la marca: podemos pensar enseguida, al leer o escuchar el nombre de una organización, que se trata de una firma de coches de alta gama no apta para todos los bolsillos; que es una bebida refrescante ideal para el verano, que la pediríamos en el chiringuito; podemos considerar que se trata de ropa para personas muy jóvenes que no va con nuestro estilo; o quizás que es un tipo de comida hipercalórica al que solo recurriremos para saltarnos la dieta muy de vez en cuando.

Porque no, la comunicación corporativa no es solamente el logo de la empresa y su creación. Ni siquiera es solo la estrategia de *branding* que permite que esa marca sea reconocida por nuestros públicos. A partir del bloque III vamos a ver todo lo que supone la gestión de la comunicación de una organización en base a la definición que ya hemos visto, pero he considerado que la marca merecía un epígrafe previo por ser el elemento que representa o simboliza a la organización al completo, que recoge su identidad con todo lo que esa palabra supone para la comunicación corporativa. En definitiva: la marca es la base sobre la que se cimienta la comunicación corporativa.

Saber, por lo tanto, cómo, por qué y para qué se crea el logo de la empresa es fundamental. Puede que nunca tengas que participar en la creación de uno porque la organización en la que trabajes tenga ya una identidad gráfica asentada que no sufra grandes variaciones, aunque es común que en firmas con larga trayectoria, el logo evolucione, pero aún así es clave que sepas por qué el logo es ese y no otro. Y también cabe la posibilidad de que, trabajando en el área de comunicación corporativa, debas participar en la creación de nuevos logos o submarcas, o incluso un nuevo logo que sustituya al anterior.

> La **marca** es la base sobre la que
> se cimienta la **comunicación corporativa**

Por tanto, en este epígrafe vamos a desgranar lo que supone la marca y lo que significa el *branding* dentro de la estrategia de comunicación corporativa, cómo se construye una marca —su arquitectura— y los tipos de marcas que existen. Pero no solo eso: veremos qué diferencia existe entre la identidad, la notoriedad, la imagen y la reputación corporativas, las cuatro claves de la definición de comunicación corporativa que vimos en el bloque anterior, y cómo unas influyen en las otras en un perfecto y deseable equilibrio.

1

EL *BRANDING* CORPORATIVO

Cuando digo que la marca es la base sobre la que va a pivotar todo lo que hagamos desde el área de comunicación corporativa es porque ese concepto, el de *marca*, es mucho más amplio, profundo y trascendental de lo que en ocasiones se cree. A veces se utiliza este término con demasiada ligereza, definiendo a la marca como el identificador comercial de aquellos bienes y/o servicios que una empresa ofrece a sus públicos y que le sirve para diferenciarse de la competencia. Sin embargo, considero que esta definición es, no solo escasa, sino en exceso centrada en la parte comercial de la organización. Escasa porque una marca es mucho más que un identificador, un logo, unos colores, un *packaging* concreto de un producto. Y, además, recuerda que venimos utilizando en este libro el término *organización* para incluir a cualquier tipo de entidad, sea o no una empresa con ánimo de lucro. Una asociación cultural o una ONG, por ejemplo, también han de tener una marca, por lo que no podemos circunscribir el valor de una marca a su capacidad de diferenciar a la organización de la competencia para lograr vender más.

Me parece mucho más acertado definir a la marca como *una referencia clara e inconfundible para los públicos de la organización que busca ser recordada colándose en la mente de los públicos y conectando emocionalmente con ellos para generar preferencia por ella respecto a otras al ganarse su confianza y su lealtad por valorarla positivamente.* Voy a repetir esta definición de nuevo agregando los términos que, en base a ella, le dan sentido al hecho de que consideremos a la marca la base de la comunicación corporativa:

Una referencia clara e inconfundible (tiene su propia **identidad**) *que busca ser recordada colándose en la mente de los públicos* (para lo que debe tener **notoriedad**) *y conectando emocionalmente con ellos para generar preferencia por ella respecto a otras por ganarse su confianza* (buena **imagen**) *y su lealtad por valorarla positivamente* (**reputación**). Desde el inicio dijimos que la comunicación corporativa suponía la gestión de esos cuatro conceptos: identidad, notoriedad, imagen y reputación. Por lo tanto, la comunicación corporativa y todo cuanto esta supone gira alrededor de la marca de nuestra organización.

> *Una marca tiene **identidad** propia y*
> *busca ser recordada, generar **preferencia***
> *y lograr la **lealtad** de los públicos*

Conociendo como conocemos ya a los públicos y sus dimensiones, tiene sentido que una marca aúne por un lado la razón, es decir, tiene un componente tangible relacionado con la identificación de la organización, y por otro la emoción a través de atributos intangibles que se asocian a ella. Los públicos nos elegirán por razones prácticas, funcionales, pero también, y diría que especialmente, por motivos irracionales relacionados con un vínculo afectivo, emocional, sustentado en los valores, en una visión común del mundo. Y ahí radica la importancia de realizar una adecuada **gestión de la marca de forma estratégica. A esto lo conocemos como** *branding.*

Si los públicos son clave y podemos establecer diferentes relaciones con ellos (lo vimos en el epígrafe 3) a fin de cumplir sus deseos o cubrir sus necesidades, podemos afirmar que la marca supone una promesa de satisfacción en relación a nuestro *target.* Sí, una promesa. Y eso no es cosa menor. Porque si estamos dando nuestra palabra, tenemos el deber de cumplirla. Solo así, si nos tomamos con tal importancia la gestión adecuada de la marca, podremos desarrollar un trabajo tan relevante y con tanto peso para la organización como el de la comunicación corporativa.

Una organización necesita definir una misión de forma clara y contundente; necesita, además sustentarse sobre unos valores que impregnen todo lo que hace; ha de tener un rumbo claro hacia una visión concreta de dónde quiere llegar; debe contar con una imagen que la represente, un logo y un lema empresarial; utiliza un lenguaje concreto a la hora de elaborar sus comunicaciones y sus mensajes publicitarios. Todo esto son solo ejemplos de lo que supone la gestión de una marca, es decir, de aquello que debe incorporar una estrategia de *branding.*

1.1 LOS OBJETIVOS DEL *BRANDING*

Voy a resumir los objetivos de la estrategia de *branding* en dos grandes metas que considero que aglutinan de forma global todo aquello que el *branding* pretende conseguir:

1. **Crear la identidad de la marca**, dotándola de ciertos valores, atributos y de una personalidad propia diferencial, potenciando la dimensión más humana de la organización, lo cual será de gran ayuda a la hora de conectar con los valores

y las emociones de los públicos. Tanto es así, que con ello vamos a lograr definir las líneas de comunicación que nos van a permitir desarrollar todas las acciones de comunicación corporativa —interna y externa— que vamos a abordar en los bloques siguientes y, por otro lado, marcar también las directrices sobre las que se construirá la estrategia de marketing, aportando así la coherencia y cohesión deseadas para que nuestra organización logre sus objetivos.

2. **Posicionar a la marca con respecto a la competencia.** Crear y desarrollar una marca, poner en marcha una potente estrategia de *branding*, va a generar ciertas estructuras mentales en las cabezas de los públicos que permitirán que, a la hora de tomar decisiones sobre nuestros productos y/o servicios, sobre nuestra actividad, nos tengan en cuenta, nos valoren. Hay autores que de hecho, haciendo un símil con el entorno digital, califican el *branding* como el SEO de la memoria[1]. Esto es posible porque el *branding* nos puede permitir crear una propuesta de valor para nuestros públicos que sea única y que nos coloque, por tanto, en una posición ventajosa a nivel competitivo.

> El ***branding*** *va a permitir que una empresa facture más.* ***Es un aliado indispensable para marketing***

Por lo tanto, los objetivos del *branding*, como podemos ver en la imagen 6.1, están íntimamente relacionados con aquellos cuatro aspectos que gestiona la comunicación corporativa y que venimos repitiendo desde el principio: identidad, notoriedad, imagen y reputación. Si hemos dicho que la marca es la base de la comunicación corporativa, el *branding* no es sino el impulsor de estos cuatro pilares que nacen de esa base. En otras palabras: es la comunicación corporativa con sus herramientas quién, en base a las pautas marcadas por la estrategia de *branding*, va a ayudar a cumplir los objetivos de este.

---

1   Aún no hemos abordado el concepto de posicionamiento SEO, lo haremos más adelante, pero por ahora basta con apuntar a que se trata del posicionamiento de nuestra marca en los buscadores: que aparezca entre las primeras posiciones de las búsquedas. El *branding* lo que logra es que nuestra marca aparezca en las primeras posiciones mentales de nuestros públicos.

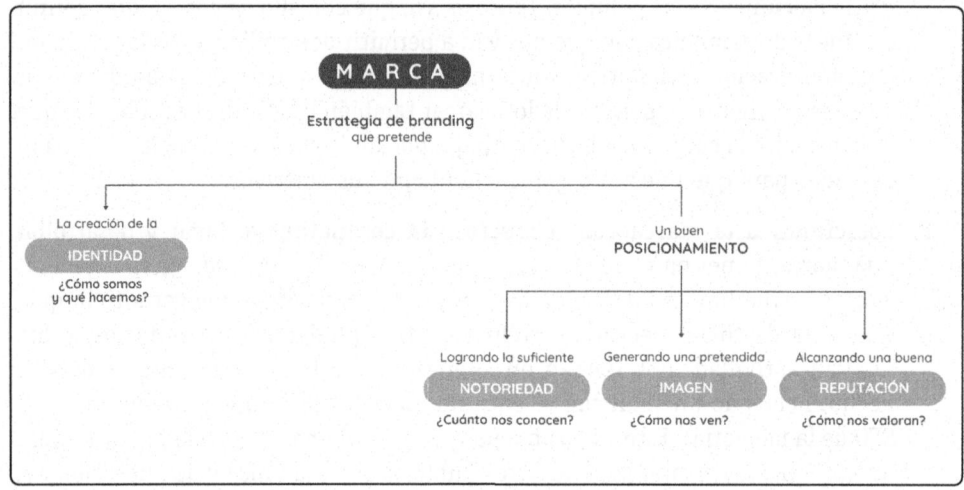

Imagen 6.1. Los objetivos del *branding* en relación a los pilares de la comunicación corporativa.

Para que nuestra estrategia de *branding* nos ayude a conseguir esas dos metas —creación de identidad y posicionamiento— deberemos hacer unas cuantas cosas antes, entre ellas estudiar a los públicos objetivo para conocerlos lo mejor posible, ser capaces de definir a la organización de forma clara y sencilla, como si fuese una persona, tangibilizar los valores de la organización, traducirlos a la realidad y definir una propuesta de valor diferencial, que sea única, que se reconozca fácilmente. Una vez tengamos todo este trabajo realizado, será el momento de poner en marcha las herramientas de comunicación, es decir, la difusión de lo que la organización, representada en su marca, es y hace, generando contenido interesante: gestión de redes sociales, publicidad, relación con los medios, comunicación interna, etc.

Nuestra organización está viva, avanza, evoluciona, y quienes trabajamos en el área de comunicación corporativa debemos, por tanto, asegurarnos de que la imagen que el público tiene sobre nosotros es la que pretendemos, que la identidad se va adaptando, si procede, a esa evolución y que la estrategia fijada está también en línea con esos cambios. De lo contrario, debemos realizar los ajustes necesarios. Nada es inamovible. Del mismo modo en que las personas cambiamos por dentro y por fuera, una organización también modifica su apariencia, su identidad visual, su forma de abordar ciertas cuestiones, incluso sus actividades. Lo importante es que no pierda su esencia, que esos cambios no hagan que los públicos dejen de reconocernos y que sepamos adaptar nuestro plan de acciones.

¡Alerta! Jefe a la vista

"Olvídate del branding, directamente a captar clientes"

En ocasiones tienes que justificar de forma constante cada paso que das a tu superior y detallarle hasta las cuestiones más básicas porque no tiene ni la menor idea de en qué consiste tu trabajo. Ese es uno de los principales problemas cuando se designa a personas incompetentes en la materia para ocupar puestos directivos. Y esta frase —como todas las que aparecen a lo largo del libro detalladas bajo el título *¡Alerta! Jefe a la vista*— es un claro ejemplo de ello y es, desgraciadamente, un ejemplo real que yo he vivido en primera persona.

Hace unos años trabajaba para una organización que decidió poner en marcha un nuevo servicio disruptivo con un mensaje inmejorable: era la primera vez que una entidad de su sector se lanzaba a operar en ese nuevo mercado y además era la primera vez que esa organización prestaba un servicio a particulares (sus clientes siempre habían sido empresas). Pero la organización cometió, entre otros, un grave error: poner al frente de esa división de negocio a una persona que sabía mucho de números y de estrategias comerciales agresivas, pero poco del sector o el público objetivo y absolutamente nada de comunicación (ni tenía interés en ello). Despreciaba, de hecho, nuestra labor: *"Olvídate del branding, de las redes sociales y de los medios. Vamos directamente a captar clientes, no desperdicies energía"*. Me dejé los cuernos tratando de que entendiera que si no lográbamos que el negocio tuviese notoriedad y una buena imagen que, junto a nuestras buenas prácticas, nos reportase una reputación diferencial, no servirían de nada los esfuerzos por captar clientes. Pero, además de tener más autoridad, él era más cabezota. Lógicamente se acabó cerrando el servicio a particulares, como era de esperar...

El *branding* es fundamental para aumentar las posibilidades de éxito de cualquier negocio. No tiene sentido hacer marketing sin *branding*. Cuando se tiene mucha prisa por ganar dinero y no se quiere dedicar tiempo y presupuesto a algo tan necesario y fundamental como el *branding*, entonces es mejor no montar una empresa y decidirse por alternativas como robar un banco, por ejemplo. Intentar hacer marketing sin *branding*, es decir, pretender que te elijan sin conocerte, es como pedirle a alguien en la primera cita que se case contigo: si te dice que sí, es un milagro. Si tu jefe cree en los milagros, dile que se los pida a la Virgen de Lourdes, pero no a ti.

*Intentar hacer **marketing sin branding**, es decir,*
pretender que te elijan sin conocerte, es como pedirle
a alguien en la primera cita que se case contigo:
si te dice que sí, es un milagro

1.2 NUESTRA MARCA GENERA EXPERIENCIAS

Hemos dicho que los públicos sienten vínculos irracionales con las marcas y por ello fundamentalmente nos eligen. Y eso significa que nosotros, a través de nuestra marca, —a través del *branding*— podemos hacer que cada una de las personas que conforman nuestros públicos viva una experiencia única. Y me refiero a algo que puede parecer tan insignificante como el momento en que un potencial cliente o colaborador nos googlea, busca nuestro *naming* en internet y se topa con nosotros. Desde ese mismo instante, tenemos la oportunidad de ofrecerle un vínculo diferencial:

¿Nos ha encontrado con facilidad? Una vez en nuestra web, ¿ha hallado lo que le interesaba rápido y sin complicaciones? ¿Cómo es ese contenido con el que se ha topado? Los textos, las herramientas como el *chatbot*[2] o los CTA, las imágenes, los colores del *site*, ¿le atraen, captan su atención, o le producen rechazo, no los comprende o le dificultan la navegación? Como vemos, gracias a la comunicación corporativa y sus herramientas podemos favorecer que nuestros públicos tengan una experiencia favorable en relación a nuestra marca, construyendo una serie de sensaciones y cogniciones mediante los estímulos adecuados. Es importante, por ello, analizar cómo el usuario navega a través de nuestro contenido —gracias a la analítica web— a fin de adecuarlo y presentarlo del modo más eficaz, mejorando su experiencia.

Pero no solo se trata del entorno *online*: obviamente los públicos que se acercan a nosotros físicamente también van a experimentar algo. Pensemos en un comercio o centro comercial, en la llegada al hall de un hotel o a una habitación, en el momento de desempaquetar un producto que hemos comprado, en la sensación de sentarse en un nuevo coche y tomar en tus manos el volante o manejar el cuadro de mandos, etc. De hecho, podemos hablar de <u>tres niveles</u> distintos de experiencia de marca: (1) un **nivel sensorial**, en el que intervienen nuestros sentidos y que está, por tanto, relacionado con los atributos de nuestros productos o servicios que se perciben a

---

2   Un *chatbot* es un software que permite a la organización mantener una conversación con un usuario de la web simulada, ya que no hay una persona que le responda a sus dudas o comentarios, sino que responde de forma automática —como un robot, de ahí el nombre— gracias a una base de conocimiento preestablecida. Es una muy buena herramienta para facilitar la atención al cliente, solicitar datos a ese usuario que pasarán a engordar nuestra base de datos y, por tanto, captar *leads* o incluso cualificarlos.

través de los mismos —olores, tacto, olfato, etc.—; (2) un **nivel cognitivo** en relación a los procesos mentales que los públicos desarrollan respecto a nuestra marca o nuestra oferta, cómo cumple con sus deseos, con sus expectativas, cómo se adecúa a lo que está buscando; y finalmente (3) un **nivel afectivo** en el que entran en juego las emociones, los sentimientos de los públicos al toparse con nosotros. El *neurobranding*, del que hablaremos más adelante, nos ayuda mucho en este sentido, a la hora, por ejemplo, de diseñar campañas publicitarias de impacto. Todo ello provocará que nuestros públicos reaccionen a los estímulos que nuestra marca provoca de uno u otro modo.

Pensemos en una primera cita con una persona que te atrae y a quien quieres generar una buena impresión. Seguro que pretendes que ese primer encuentro sea especial, sea una experiencia satisfactoria para ambos y, así, pueda haber una segunda cita. Para ello, vas a mostrar tu mejor versión, siempre con sinceridad, pues no podemos engañar a quien tenemos enfrente mostrando lo que no somos. Es decir, recurriremos a nuestra esencia —identidad— para que nos conozca mejor. Sin duda, si la experiencia es buena, cuanto más os conozcáis, cuantas más veces quedéis —a esto lo llamamos notoriedad de la marca—, mejor va a ser la imagen que tenga de ti. Solo así vas a lograr que, un tiempo después, esa persona te tenga en una estima tan alta, te valore tan positivamente —habrás logrado una buena reputación para ella—, que preferirá tu compañía antes que otras. Así se fragua el inicio de una relación entre dos personas. Pues bien, así se fragua también la relación entre una marca y sus públicos, y como vemos el primer paso es la seducción, que logramos a través de una buena experiencia cuando estamos juntos desde el minuto uno: la experiencia de marca.

*Si logramos que nuestros públicos vivan una **experiencia** **de marca transformadora**, no solo nos diferenciamos de la competencia, sino que nos ganamos su **fidelidad***

Pero va a haber muchos aspectos de ti mismo que se te escapen cuando intentas conquistar a alguien: ¿Qué dicen de ti tus amigos? ¿Qué hay publicado en tus redes sociales por ti mismo y por tus seguidores? ¿Qué información sobre ti puede encontrar esa persona que no haya salido de ti directamente y que, por tanto, no puedas controlar? Lo mismo nos sucede al tratar de ofrecer la mejor experiencia de marca posible a nuestros públicos: estos van a toparse con foros, comentarios, reseñas o críticas que, si bien nosotros podemos gestionar del mejor modo posible ofreciendo las adecuadas respuestas, no están en nuestra mano, y es contenido al que nuestros públicos pueden acceder y en el que, además, está demostrado, lo hemos dicho ya, pueden confiar más aún que en aquello que nosotros decidimos.

Por tanto, no es sencillo lograr una estupenda experiencia de marca, pero es imprescindible trabajar en ello, asegurarnos de forma constante de la efectividad de esa experiencia que estamos ofreciendo y lograr así, no solo diferenciarnos de la competencia, sino mejorarla cada vez más con el fin de lograr algo muy difícil, pero no imposible: que se trate de una experiencia única, transformadora. Esto, fundamentado en los cuatro elementos que vamos a analizar a continuación —identidad, notoriedad, imagen y reputación— nos ayudará a lograr la fidelidad de nuestros públicos.

1.3 ERRORES COMUNES EN CUANTO AL PAPEL DE NUESTRA MARCA

Es por desgracia bastante común que las marcas y las organizaciones pierdan el contacto con la realidad que las rodea y, por tanto, con la realidad de sus públicos por tener creencias falsas, espejismos y cegueras que las impiden satisfacer los deseos de los mismos por un lado y, por otro, comprometerse con aquello que a la sociedad realmente le preocupa (hablaremos en el epígrafe 19 de la importancia de la responsabilidad social de las organizaciones). Si nos sucede esto, y en base a lo que hasta ahora hemos venido analizando, va a ser muy difícil que conectemos emocionalmente con nuestra audiencia y que logremos que esta se enamore de nosotros. Esos públicos van a acabar tomando distancia y no involucrándose con nuestra actividad ni nuestros mensajes, y no podemos permitirnos esto. Por ello, debemos evitar caer en los siguientes errores:

▸ **Creer que nuestra marca es lo más importante para nuestros públicos.** Este error es común porque nosotros, que trabajamos a diario con nuestra marca y sus valores y atributos, que tratamos de lograr que otros sientan pasión por ella, que acabamos hablando su lenguaje propio en nuestro día a día, podemos llegar a pensar que el mundo de nuestros públicos, *stakeholders* o clientes y potenciales clientes no podría entenderse sin nosotros, y que la vida de todos ellos, como nuestro día a día laboral, gira en torno a la marca. ¡Nada más lejos de la realidad! Nuestro *target* no solo interacciona con otras muchas marcas en su día a día, sino que tiene una vida laboral y profesional ajena a nosotros. No tenemos la enorme importancia que a veces creemos o que nos gustaría en su cotidianeidad. Seamos conscientes de ello: cuando hablamos de poder transformar la vida de las personas, nos referimos a ciertas situaciones de su vida o aspectos concretos, pero no somos el ombligo del mundo. Algunos estudiosos llaman a este error el espejismo marca-mundo.

▸ **Creer que nuestros públicos nos aman de forma incondicional.** Por muy seguro que estés del amor de tu pareja, más vale que lo cuides y lo cultives a diario si no quieres que un buen día se haya apagado sin remedio. Lo mismo pasa con la relación entre los públicos y nuestra marca. Este error, que podemos llamar espejismo de exclusividad, puede darse cuando contamos con un público fiel y satisfecho con nosotros que no nos suele fallar, pero al que descuidamos. En un entorno voluble y cambiante como el actual, en un mercado libre, global e hiperconectado, ningún cliente o socio es fiel eternamente porque sí. Debemos dedicarnos a cuidarlos, a fidelizarlos, a mantener ese amor a lo largo del tiempo. No podemos creer que los nuevos o potenciales clientes son más importantes y desatender a los actuales. Pero cuidado, tampoco al revés, y esto nos lleva al siguiente error:

▶ **Creer que los clientes o socios actuales son más importantes que el resto.** Este error es muy común en organizaciones que esperan resultados cortoplacistas y que no han llegado a comprender que, como vamos a ver a lo largo de este manual, todas aquellas personas o grupos de personas que son afectadas por nuestra organización, bien sea debido a su actividad o por el impacto de sus mensajes —de su comunicación—, son tremendamente relevantes para la imagen y la reputación de nuestra marca. Preocuparse solo por aquellos que nos traen buenas cifras de facturación y no por otros públicos que no reportan beneficios directos a corto plazo es un error de bulto, y desde el área de comunicación corporativa no podemos permitirnos caer en él. Cada seguidor de las redes sociales, cada suscriptor a nuestra *newsletter*, cada lector del diario donde aparecemos u oyente de la entrevista que hemos concedido en la radio, cada proveedor, cada trabajador..., en suma, cada persona que forma parte de nuestros públicos cuenta y es importante.

2

LA IDENTIDAD CORPORATIVA: ¿CÓMO SOMOS Y QUÉ HACEMOS?

La identidad es, no solo uno de los objetivos del *branding* —su creación—, sino uno de los términos que, en la definición de comunicación corporativa, nos llama la atención en primer lugar. Por tanto, es el primero que vamos a desgranar antes de abordar los otros tres: notoriedad, imagen y reputación. Y no es un concepto poco importante en el ámbito de la comunicación empresarial, porque antes de comunicarle nada a nadie en nombre de la entidad o respecto a su actividad, tenemos que preguntarnos necesariamente algo fundamental: **¿quién es nuestra organización y qué hace?**

Hay personas que no se sienten capaces de hablar mucho sobre sí mismas porque no han dedicado tiempo suficiente a preguntarse quiénes son, a descubrirlo, a descubrirse. Incluso digo más: a crearse, porque la identidad de uno mismo es mucho más que el año en que naciste o el color de tus ojos, y se construye a medida que se evoluciona. Pues bien, del mismo modo en que hacemos las personas, las organizaciones tienen —porque crean y desarrollan con el tiempo— una identidad propia. Y del mismo modo que algunas personas, hay empresas que tampoco han trabajado en su modo de definirse y no tienen en cuenta a la hora de comunicarse cuál es su identidad. ¡Error!

Un profesional que se dedica a la comunicación corporativa debe saberlo todo sobre la empresa para la que trabaja: debe conocer su éxitos y sus fracasos, su origen, su desarrollo, los productos o servicios que presta, cuáles son los valores que motivan sus acciones, sus objetivos, su plan estratégico, su facturación, el número de personas que la conforman y cómo es ese grupo (si hay más hombres o mujeres, qué franjas de edad son las mayoritarias, quién lleva más años trabajando allí, si hay o no gran rotación de personal, si hay diversidad en cuanto a etnias, si se respeta o no la diversidad sexual, la libertad de creencia, etc.). Solo así podrás saber "quién es" la compañía para la que trabajas para **dar forma a su identidad de manera tangible y, desde ella y sus valores, poder realizar una efectiva comunicación corporativa.**

Las marcas tienen personalidad,
son y se comportan de una manera
determinada. Esa es su identidad

No en vano, Mª Carmen Erviti define la identidad corporativa como *"la manifestación tangible de la personalidad corporativa"*, utilizando el término *tangible* porque la organización se muestra a través de su identidad visual (una parte de la identidad corporativa), sus acciones, su actividad en general y su comunicación.

2.1 PILARES Y COMPONENTES DE LA IDENTIDAD

La identidad corporativa de nuestra marca se sustenta fundamentalmente sobre tres criterios, que son su personalidad, su diferenciación y su permanencia:

1. **La personalidad de la marca** se refiere al modo de ser de la marca. Ya hemos dicho que, como las personas, una marca tiene personalidad propia, tiene una serie de características que configuran su modo de actuar y de comunicarse.

2. **La diferenciación de la marca** alude a aquello que la hace única y que, por tanto, la diferencia de otras marcas competidoras. No hay dos marcas iguales.

3. **La permanencia de la marca** es su trayectoria, su historia, aquello que ha hecho y ha logrado hasta el momento y también su proyección de futuro, ya que una marca ha de tener clara su visión, aquel lugar al que desea llegar, aquello que pretende lograr.

Teniendo como base estos tres pilares que apuntalan la identidad de nuestra marca, podemos definir los diez componentes de la identidad corporativa de nuestra organización, es decir, aquellos elementos que se hace imprescindible definir para crear nuestra identidad y que sirven como base de la cultura de la empresa (epígrafe 6.4).

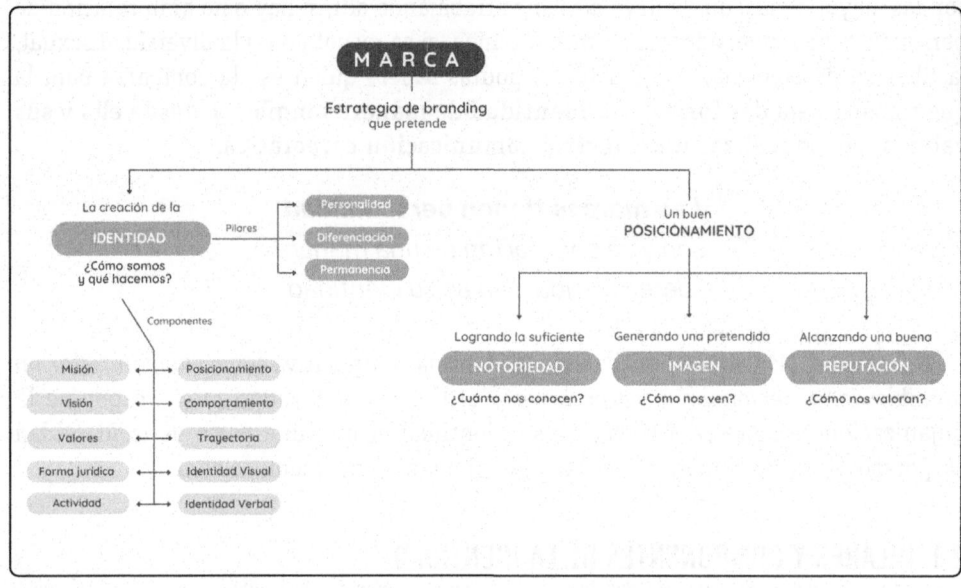

Imagen 6.2. Los pilares y los componentes de la identidad corporativa.

Estamos acostumbrados a encontrarnos con tres palabras clave cuando visitamos la pestaña de "quienes somos" de cualquier web corporativa: misión, visión y valores. Y es lógico, ya que se trata de tres conceptos a tener muy en cuenta para definir la identidad de una organización. Sin embargo, no son los únicos. Yo voy a definir aquí los diez que me parecen fundamentales, empezando por estos tres, para no perder las buenas costumbres: misión, visión, valores, forma jurídica, actividad, posicionamiento, comportamiento, trayectoria, identidad visual e identidad verbal.

1. **Misión: *¿por qué existe?***

   Define el motivo por el que la organización nació y desarrolla su actividad, es decir, su objetivo principal, su propósito vital.

2. **Visión: *¿qué pretende?***

   Describe el rumbo de la organización, es decir, lo que pretende lograr, a dónde quiere llegar o posicionarse en el futuro.

3. **Valores: *¿en base a qué?***

   Definen una guía a seguir a la hora de llevar a cabo su misión, es decir, su ética, sus ideales, su posicionamiento ideológico, etc.

4. **Forma jurídica: *¿qué es?***

   Puede ser una sociedad limitada o anónima, una cooperativa, una fundación, una asociación, etc. Esto nos indicará, entre otras cosas, quiénes están detrás de la organización, si tiene o no ánimo de lucro, a qué destina sus beneficios, si los reparte, por ejemplo, entre un grupo de accionistas o los destina a una labor social, etc.

5. **Actividad:** *¿qué hace?*

Es decir, a qué se dedica, los servicios y/o productos que ofrece.

6. **Posicionamiento:** *¿qué lugar ocupa?*

No físicamente, claro, sino qué lugar ocupa la marca respecto a la competencia en la mente de los consumidores gracias a su diferenciación respecto a su competencia[3].

7. **Comportamiento:** *¿cómo hace lo que hace?*

Lo que la organización hace, más allá de su propio *core business*, es decir, de su actividad esencial (si es una empresa automovilística que fabrica coches, una empresa hostelera que sirve comida, una fundación de apoyo a personas mayores que presta servicios domiciliarios, etc.), desarrolla, además, otras muchas actividades que posibilitan su misión: tiene unas normas de conducta, un código ético, un plan de igualdad, etc. Y no solo eso, sino que además, toda esa actividad provoca una serie de resultados que se pueden medir. La comunicación corporativa tiene en cuenta estas actividades y resultados para poder proyectar la identidad de la empresa hacia fuera: resultados financieros, de generación de empleo, inversiones, reversión social y proyectos de Responsabilidad Social Corporativa, tecnología innovadora que emplea para realizar sus actividades, etc.

8. **Trayectoria:** *¿cómo ha llegado hasta aquí?*

La historia de la organización, desde que se puso en marcha hasta el momento actual, es mucho más que un puñado de fechas con hitos destacados: es un modo de demostrar su experiencia, de acreditar su *expertise* y lo que es capaz de lograr. Quienes nos dedicamos a la comunicación corporativa hemos de poner en valor esa trayectoria vital de la empresa y servirnos de ella como acicate para seguir abriendo puertas hacia el futuro.

9. **Identidad visual:** *¿cómo se muestra?*

Se trata de aquellos elementos que hacen que, a nivel visual, la marca sea reconocible de forma única e inconfundible. Podríamos dedicar un libro completo a hablar de la identidad visual, pero ya existen muy buenos manuales sobre este particular y no es objeto de este desarrollar a fondo esta interesantísima y

---

3   Como ya hemos adelantado, lograr este pretendido posicionamiento va a depender de los tres conceptos que acompañan al de identidad en la definición de comunicación corporativa: la notoriedad de la marca, su imagen y su reputación. Los veremos enseguida en detalle.

compleja idea. Por tanto, trato de resumir sus peculiaridades principales en el siguiente epígrafe. Las funciones de la identidad visual son identificar la marca, es decir, asegurar su reconocimiento, memorización y asociación y certificar el origen de los servicios o productos de la misma, demostrando que no se trata de falsificaciones.

10. **Identidad verbal:** *¿cómo referirse a ella?*

Si la identidad visual alude al modo que en se muestra la compañía, la identidad verbal no es más ni menos que el modo en que debe hablarse de la organización y de su actividad según los parámetros que ella misma establece, para que los públicos (la prensa, por ejemplo), los colaboradores, las instituciones, etc., utilicen la terminología correcta para referirse a ella. Entraremos a fondo en ello en el epígrafe 6.3.

"Los resultados financieros no son lo único que hace grande a una empresa. Una empresa que no tenga unos claros valores corporativos y una nítida visión de negocio, no puede llegar a ser grande nunca", nos recuerda Euprepio Padula, evidenciando el alcance que tiene para cualquier organización la creación y el desarrollo de una identidad propia orientada a diferenciarla y llevarla al éxito.

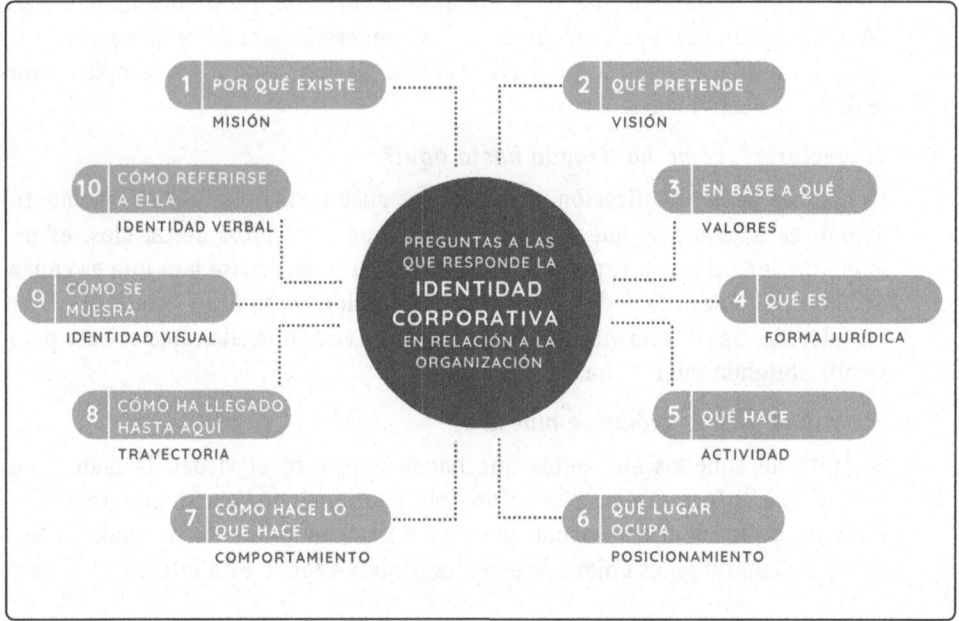

Imagen 7. Los 10 componentes de la identidad corporativa.

2.2 LA IDENTIDAD VISUAL

Empezábamos este bloque destacando que una de las primeras cosas, cuando no la primera, que se nos viene a la mente al pensar en una marca es su imagen, su logotipo. Por ello, de entre todos los componentes que hemos visto que conforman la identidad corporativa de una organización, me parece importante ahondar en este: la identidad visual. Los signos y elementos de la identidad visual incluyen, no solo el logotipo, sino también las tarjetas de visita, la publicidad, el diseño de vehículos de empresa, el *merchandising*, el diseño de puntos de venta, el vestuario de los trabajadores, etc. Si no existiera una unidad visual en todo lo referido a la organización, no sería coherente y no estaría transmitiendo con acierto su personalidad.

Se hace necesario, por lo tanto, para la creación de una identidad visual que funcione como deseamos, que exista una clara vinculación con la personalidad de la marca, con el resto de aspectos de su identidad corporativa, pero también que logremos una coherencia y un orden entre todos los elementos visuales que transmita simplicidad y nunca ambigüedad, que haya armonía entre todos esos elementos: productos, oficinas, tiendas, creatividades publicitarias, etc., y que así generemos una imagen global, universal de la organización que se comprenda e identifique en cualquier contexto donde la marca se presente.

Por tanto, al abarcar tantos aspectos distintos de la organización, la identidad visual se puede dividir en cuatro grandes áreas a fin de comprender mejor y diferenciar su alcance: (1) el *naming* o nombre de la entidad, (2) la arquitectura de la marca, (3) el estilo o diseño de sus productos o servicios y (4) el espacio físico donde se presenta la marca. Vamos a verlas una a una.

2.2.1 El *naming*

El *naming* define el **nombre de la organización y sus productos o servicios**, siendo clave en la diferenciación y posicionamiento de la marca, así como en la transmisión de los valores de la misma. Pese a que se puede considerar un elemento propio también de la identidad verbal, tiene una representación gráfica dentro del símbolo —logotipo— de la empresa, por eso lo explico en este apartado.

Se puede crear siguiendo algunos criterios que se han demostrado eficaces en la creación de marcas: el *naming* de nuestra marca debe ser (1) breve, (2) diferente o innovador, (3) agradable o amable, (4) fácil de comprender, de pronunciar y de escribir, lo cual hará que sea (5) recordable y, además, debemos intentar (6) que comunique aquello que deseamos que nuestra marca destile en base a sus valores, a su identidad, a las emociones y experiencias que pretendemos generar en los públicos.

Existen diferentes tipos de nombres y cada organización elige el suyo en base a esos criterios, dando como resultado *namings* **descriptivos** en relación a la actividad de la organización, como Gas Natural o Telefónica, por ejemplo; **contracciones**, que se forman al contraer varias palabras, como PULEVA (PUra LEche de VAca), SEUR (SErvicio URgente) o LEGO (de *Leg Godt*, que en danés significa jugar bien); **acrónimos**, formados por siglas que permiten leerlo como una única palabra: ONU (Organización de las Naciones Unidas), ENDESA (Empresa Nacional De Electricidad S.A.) o DÍA (Distribuidora Internacional de Alimentación); **topónimos**, que aluden al origen geográfico de la entidad, como Banco Santander; **neologismos**, es decir, palabras nuevas formadas por otras ya existentes, como el caso de Airbnb (de *Air Bed and Breakfast*, es decir, colchoneta y desayuno); o *namings* **patronímicos**, formados por el nombre propio del fundador de la organización, como Carolina Herrera o Adolfo Domínguez.

Claro que no todos los nombres de marcas que conocemos caben en esta clasificación básica, ya que algunas han inventado un *naming* abstracto, sin un significado evidente o con una carga simbólica y sugerente, como es el caso Fairy, un lavaplatos cuyo significado en inglés es *hada*, o Lexus, una marca de coches que evoca al lujo. O podemos encontrarnos con marcas que son combinaciones, como la de Marco Aldany, que es al mismo tiempo contracción y marca patronímica, ya que se refiere a los tres fundadores de la empresa: Marcos, Alejandro y Daniel.

Cada uno de estos modelos puede tener sus ventajas o inconvenientes en función del sector, de los idiomas que se hablen en los territorios donde tenga presencia la marca, del alcance de sus servicios a nivel geográfico o de las ideas preconcebidas culturalmente por sus públicos, entre otras cosas. Por ello es importante estudiar cada caso en particular antes de tomar una decisión sobre algo tan importante como el *naming* de la organización.

Permíteme dos breves consejos importantes a la hora de construir un *naming*: por un lado, presta una especial atención a la pronunciación, ya que si el resultado es una combinación de letras casi impronunciable para el público, difícilmente lo recordará, o al menos no del modo adecuado. Y, en segundo lugar, evita que tenga una connotación negativa, que sea una palabra o grupo de palabras malsonantes o con un sentido peyorativo, especialmente si vamos a elegir un nombre para una firma multinacional, en cuyo caso debemos estudiar bien si el nombre elegido tiene algún significado no conveniente, malsonante u ofensivo en algún otro idioma, ya que eso podría hacer caer en picado la reputación de la marca en los territorios donde se hable ese idioma.

2.2.2 La arquitectura de la marca

También conocida como identidad gráfica, la arquitectura de la marca es una parte fundamental de la identidad visual de la marca, ya que, a través de ella, de la arquitectura que elijamos, vamos a crear el símbolo con el que la empresa será identificada por los públicos. Es la cara, el aspecto, la primera impresión que cualquiera conocerá sobre nosotros y a través de la cual nos recordarán. **Cuanto más diferencial sea, más fácil será que nos identifiquen.**

Nos podemos encontrar básicamente, cuatro tipos diferentes de símbolos a la hora de crear la identidad gráfica que represente a una marca: (1) el **logotipo**, un diseño que da forma a la denominación corporativa, es decir, al nombre de la organización de forma visual, a la marca, o incluso en ocasiones a algunas iniciativas, proyectos o productos concretos; (2) el **isotipo**, que es una imagen que simboliza a la marca, ya sea una letra, un pictograma, una forma geométrica, etc.; (3) el **isologo**[4], que es la combinación de los dos anteriores, logo e isotipo, dando lugar a una imagen donde ambos están fundidos y son inseparables y (4) el **imagotipo**, que a diferencia del caso anterior supone la combinación de logo e isotipo pero, pese a convivir en una misma imagen, pueden separarse.

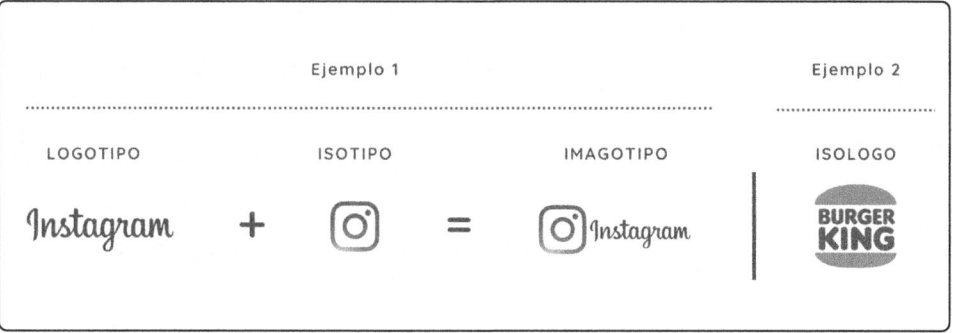

Imagen 8. Ejemplos de los diferentes símbolos de representación de una marca.

CUIDADO CON EL USO DEL ISOTIPO

Me parece importante señalar que el isotipo, como representación simbólica que no muestra el *naming* de la organización, sino una imagen o letra, **no es aconsejable utilizarlo de forma aislada, sin estar acompañado del logotipo, a no ser que la marca ya sea conocida por los públicos** y estos sean capaces de identificar esa imagen con el nombre de la compañía. En caso contrario, será necesario realizar un gran trabajo de *branding* con elementos de comunicación en los que convivan logotipo e isotipo hasta que este último ya sea reconocible como un símbolo identitario de la marca y pueda comenzar a utilizarse en solitario, lo cual no suele ser cuestión de unos

---

4   En algunos manuales, el isologo, literalmente la suma del isotipo y el logotipo, puede denominarse logosímbolo, ya que el isotipo es también llamado símbolo.

pocos meses, pero depende fundamentalmente de la notoriedad de la marca y del entorno en el que ésta se esté mostrando.

Pensemos, por ejemplo, que estamos en una tienda de ropa concreta y que en su cartelería interior aparece solo el isotipo, ya que el público sabe dónde está y va a acabar relacionando ese símbolo con el nombre de la marca, que estaría, eso seguro, en la puerta de entrada; otro buen ejemplo es la "mosca" que aparece en el monitor de nuestra televisión, normalmente en la esquina inferior derecha, cuando estamos viendo una cadena determinada. Ese símbolo permite que ya no sea necesario mencionar el nombre de la cadena porque el telespectador sabe perfectamente qué está viendo y tiene identificado el símbolo.

Resulta evidente que, más allá del *naming* elegido, a la hora de crear el símbolo gráfico que represente a la marca hay dos decisiones importantes que tomar: qué tipografía elegir y qué color o colores escoger. En cuanto a la **tipografía** o tipo de letra, la pauta principal es que sea legible, clara, fácil de entender. Pero hay que tener también en cuenta que las diferentes tipografías existentes tienen personalidad propia y transmiten cualidades distintas. Por ejemplo, aquellas fuentes con *serif*, es decir, con florituras en las terminaciones de las letras, aportan por regla general mayor elegancia, evocan a la tradición, a la escritura manual, mientras que las letras *sans serif* o de palo seco, que no tienen esos remates al final de las letras ni enlazan unas con otras, transmiten mayor modernidad y simplicidad. En el epígrafe 6.5., al hablar del manual de identidad, incluyo algunas claves más al respecto sobre sus usos.

Imagen 9. Ejemplos de tipografía con y sin *serif*.

La otra decisión son los **colores** que elegir, que igualmente están asociados a diferentes significados e incluso a distintas emociones. Por ello, por su capacidad de apelar a lo irracional, a lo emocional, desarrollaremos la importancia del uso de uno u otro color, no solo en el logo, sino en cualquier otro elemento comunicativo, en el epígrafe dedicado al *neuromarketing* y *neurobranding* dentro del bloque IV.

Existen **organizaciones o empresas que cuentan con varias marcas distintas**, ya que prestan servicios o venden productos diferenciados en función, por ejemplo, de la funcionalidad de los mismos, como es el caso de Nesquik y Kit-Kat, dos marcas distintas del grupo Nestlé que comercializa muchos productos de alimentación diferentes; o en función del tipo de público, como sucede en el caso de Pull & Bear y Massimo Dutti, cuya ropa es evidentemente diferente, ya que el target al que se dirigen es distinto, pero ambas son firmas del grupo Inditex. Así, podemos diferenciar fundamentalmente tres modelos de arquitectura de marca en base a cómo se relacionan entre sí las distintas marcas de una misma organización:

1. **Marca única**

   También llamado modelo monolítico, es aquel caso en el que optamos por una única denominación corporativa, es decir, una única marca que sirve como símbolo de toda la actividad de la organización y marca un mismo estilo visual para sus productos y/o servicios. Esto tiene la gran ventaja de poder crear de un modo más sencillo, optimizando esfuerzos y recursos, una marca más sólida y reconocible por los públicos. Sin embargo, también tiene ciertos inconvenientes, como por ejemplo a la hora de enfrentarse a una crisis reputacional, ya que no cuenta con la posibilidad de posicionarse a través de otras de sus marcas —pues no las tiene— y la crisis afectará, por tanto, a todos sus productos o servicios, pese a ser en origen de uno solo de ellos. Las firmas de vehículos o de energía son algunas de las que suelen contar con marcas monolíticas.

2. **Marca paraguas**

   También se conoce como modelo endosado o de respaldo, ya que es la fórmula que encontramos en aquellas marcas que disponen de submarcas con identidades visuales diferentes, pero vinculadas todas ellas de algún modo a la marca madre o matriz. Suele elegirse este modelo para poder así diferenciar distintos negocios, productos o servicios de una misma organización. En este caso, también la reputación del resto de marcas se puede ver afectada por una crisis reputacional de una de ellas por esa identidad visual compartida, aunque como ventaja hemos de decir que contar con una marca matriz como apoyo, como respaldo, puede ser muy beneficioso a nivel de imagen, a nivel operativo, incluso a nivel financiero. Ya he citado antes una marca de alimentación que encaja en este grupo, y es que es habitual encontrarse este modelo en el caso de organizaciones que tienen una oferta muy amplia, como es ese caso, el de Nestlé, o el de los productos de higiene o sanitarios.

3. **Marca libre**

Conocido como modelo multimarca o de marcas independientes o autónomas, se caracteriza por disponer de varias marcas que no están en absoluto vinculadas visualmente a la marca matriz, sino que sus identidades son del todo diferentes. Si los servicios o productos que la organización ofrece son muy distintos o se dirigen a públicos muy diversos, como el caso de la firma de ropa que citaba antes, puede ser un modelo muy efectivo, ya que permite desarrollar estrategias de comunicación corporativa diferentes. Esto, en cambio, evidencia un claro inconveniente, y es que el esfuerzo de recursos necesario es mucho mayor, ya que si bien la marca matriz puede servir de respaldo a nivel organizativo, financiero u operativo, no así a nivel de imagen, de comunicación, por lo que los costes se pueden multiplicar.

Imagen 10. Ejemplos de diferentes tipos de marcas.

No podemos terminar de hablar de la arquitectura de marca sin apuntar que lo habitual es la existencia de un manual de marca, elaborado por el área de comunicación corporativa, en el que se establecen el logo o logos de la organización y sus usos, también el isotipo o isologo si lo hubiese y las posibles combinaciones, así como las tipografías corporativas que deben usarse en todos los materiales y el pantone de colores corporativo. Así mismo, el manual debe recoger el modo en que debe implementarse la marca en materiales tan diversos como la papelería corporativa, los documentos o las tarjetas de visita, la firma del correo electrónico o la página web, los *roll ups, photocalls, merchandising* habitual o cualquier otro formato que la organización utilice para difundir su imagen.

A este respecto, en cuanto al manual de marca, hay que decir que no solo debemos tenerlo siempre a mano para consultarlo, sino también para actualizarlo, ya que la identidad visual de las organizaciones evoluciona, se adapta en función a cambios externos en el mercado o internos en cuanto a la identidad corporativa. Bajo mi punto de vista, deberíamos dar un paso más allá y convertir ese manual de marca en un manual de identidad, conteniendo todos los aspectos referentes a la identidad corporativa, no solo a la visual, que es simplemente una parte de aquella. Por ello, no desarrollo este concepto aquí, sino un poco más adelante, cuando hayamos visto más en detalle otros aspectos de la identidad corporativa que el manual debe aglutinar —epígrafe 6.5.—.

2.2.3 El estilo y diseño de los productos o servicios

Al estilo y diseño que la organización decide para sus productos o servicios se le conoce también como identidad objetual, y no es sino la **definición de una unidad en ese estilo**, que incluye desde el color del *packaging* o embalaje donde se comercializa un producto hasta la forma del mismo, el diseño del etiquetado, el tipo de letra de esas etiquetas o del embalaje, los elementos gráficos que aparecen en él, etc. En todo caso, y como no puede ser de otro modo, se tendrá muy en cuenta la esencia del *naming* y la arquitectura de marca a la hora de marcar el estilo de estos elementos, creando esa pretendida universalidad de la identidad visual que debe contener el manual de marca.

2.2.4 El espacio físico

También llamada identidad ambiental, se trata de definir una **arquitectura corporativa para el lugar donde tiene presencia la organización**, es decir, sus oficinas, sus sucursales, sus vehículos corporativos, los puntos de venta, etc. Y no se trata solo —que también— de aplicar los colores corporativos y asegurar la presencia del logo[5], sino de dotar a los espacios de un aspecto que evoque a los valores de la compañía. Por ejemplo, no tiene sentido que una empresa que dice apostar por la

---

5   Suele usarse este término para definir de forma genérica a la imagen que representa la marca, pero, como hemos visto, la del *logo* no es la única opción.

protección del medioambiente no tenga contenedores diferenciados en sus oficinas para el reciclaje de los residuos o que cuente con montañas y montañas de papel — no reciclado— por todos lados; o bien si la compañía se encarga de la instalación de placas solares o de soluciones verdes para otras empresas, no cuente con tecnologías limpias en su sede o la tenga repleta de plantas de plástico.

2.3 LA IDENTIDAD VERBAL

Del mismo modo que la identidad visual, la identidad verbal es uno de los componentes clave de la identidad de una marca, por ello le dedicamos un apartado especial. Habíamos dicho unas páginas atrás que se trata del modo en que debe hablarse de la organización y de su actividad según los parámetros que ella misma establece. Es decir, **cómo habla la marca** en cualquier punto de contacto de los públicos con ella y **cómo deben hablar los demás sobre la marca.** No se trata de imponer (sí en ciertos aspectos, ya que no pueden adulterarse o distorsionarse, por ejemplo, elementos como el *naming* y su grafismo en el logo), sino sobre todo de facilitar una serie de herramientas y marcar las pautas que aseguren que la personalidad de la marca está presente en el modo de hablar sobre ella, lo cual refuerza su identidad y redunda en su buena reputación y confianza entre los públicos.

Podemos apuntar a cuatro elementos que conforman la identidad verbal de una marca, que son (1) la voz, (2) el tono y (3) el estilo, a los que se suma (4) el *naming* que, por ser también un elemento de la identidad visual, lo hemos explicado ya —epígrafe 6.2.1.—. Vamos con los otros tres.

2.3.1 La voz

Cuando hablamos de la voz, nos referimos al **distintivo único y diferencial que tiene nuestra marca**, es decir, a la expresión de su comportamiento y, claro, a las posibles reacciones que esto puede generar en los públicos a nivel emocional. La voz debe, por tanto, expresar y ser garante de los valores de la organización y su ideología, independientemente de tendencias, modas o casuísticas transitorias. Así, podemos encontrarnos, por ejemplo, con voces más divertidas y frescas, como la de muchas marcas de refrescos; otras más exclusivas, como los casos de algunos bombones o firmas de lujo; o bien inspiracionales, como algunas marcas de ropa deportiva.

2.3.2 El estilo

En cuanto al estilo de una marca en relación a su identidad verbal, no es otra cosa que aquellas **reglas o pautas que se siguen para elaborar los mensajes**, como pueden ser el uso de determinadas palabras y no otras[6], de una u otra tipografía, de las mayúsculas, las abreviaturas, las contracciones, etc. Pero también de las imágenes que mejor identifican la identidad de la organización y su actividad o los colores más adecuados en relación a la marca. Todo esto también forma parte del estilo de la misma, pese a que vaya más allá del plano verbal.

2.3.3 El tono

Finalmente el tono se refiere a **qué uso hacemos de nuestra voz** cuando nos enfrentamos, o bien a situaciones distintas, o bien a públicos distintos. Es decir, a la elección de un lenguaje muy técnico o bien más emocional; más formal o informal, etc. De la misma forma que hacemos nosotros como individuos que, pese a tener solo una voz utilizamos diferentes tonos al enfrentar diferentes casuísticas, así también lo hacen las marcas, con el fin de empatizar con los públicos en ese momento. Por ejemplo, una empresa que ofrece un servicio universal como es la energía puede utilizar un tono en sus mensajes comerciales dirigidos a las personas mayores y otro distinto para dirigirse a los jóvenes, ya que pueden tener diferentes intereses, necesidades o niveles de comprensión sobre el servicio que se les ofrece; o bien puede cambiar de tono al dirigirse a empresas respecto al utilizado cuando habla a los particulares. Pero su voz —su esencia— y su estilo son los mismos.

Estos componentes de la identidad verbal —voz, estilo y tono— se suelen definir en un **manual de estilo** que podemos incluir bajo el paraguas del manual de identidad corporativa del que hablaremos enseguida, junto a las normas del manual de marca y el resto de elementos vistos hasta ahora que conforman la identidad de la organización.

*La **voz** marca el camino a seguir, el **estilo**
nos da las herramientas para hacerlo y el **tono**
es la forma en que abordamos cada tramo del camino*

Por tanto, podemos decir que la voz es quien lidera la identidad verbal de la marca como garante del mantenimiento de la esencia de la misma, de su ADN, de su personalidad, y que lo destila a través de uno o varios tonos diferentes en función del momento en que se exprese, con un estilo previamente definido que unifica la elaboración de los mensajes. Y esto es tan importante de cara al exterior, a la comunicación externa, como en relación a los públicos internos, a los trabajadores de la organización (comunicación interna), ya que la organización al completo debe conocer y aplicar correctamente la identidad de la marca para asegurar la deseada coherencia de sus comunicaciones.

---

6   En este sentido, el último bloque de este manual aborda la comunicación inclusiva y sus usos, algo que las empresas tienen cada vez más en cuenta a la hora de marcar su estilo de comunicación para recurrir a los términos más adecuados en cada caso, evitando la discriminación y asegurando una comunicación orientada a abrazar la diversidad social.

EL DISCURSO COMPARTIDO

El discurso compartido de la organización no se compone solo de aquellos aspectos que definen a la organización —su identidad, que venimos definiendo en estas páginas— y el modo en que debemos trasladarlos, sino también de aquello que no es la organización o el modo en que esta deberá defenderse ante posibles críticas o ataques a su identidad. Es decir, desde el área de comunicación corporativa, y en estrecha relación con la alta dirección de la organización, hemos de definir igualmente aquellos puntos débiles o más controvertidos de la actividad y esencia de la entidad para poder estar preparados, a nivel argumental y comunicativo, y así defender nuestra postura. Por ejemplo, las empresas que comercializan tabaco o alcohol, lo cual es legal, deben contar con argumentos para rebatir críticas en relación a la comercialización de productos nocivos para la salud y para argumentar igualmente la coherencia puesta en ocasiones en entredicho entre realizar acciones sociales en favor de la salud y al mismo tiempo comercializar estos productos.

2.4 LA CULTURA CORPORATIVA

Me gusta particularmente la definición de cultura corporativa de la profesora Erviti, a quien ya he citado anteriormente: *"La cultura corporativa es la identidad participada, hecha 'vida' "*. No puede ser más acertada, ya que la cultura corporativa está estrechamente relacionada con todo lo que hemos dicho anteriormente sobre la identidad corporativa, pero en este caso aparece una nueva palabra, *cultura*, que viene, en efecto, a dar vida a la identidad. Porque la cultura es un **conjunto de conocimientos y costumbres compartidos** por un mismo grupo, en este caso por las personas que forman la organización. Así, dentro de la cultura interna podemos enmarcar aspectos tan dispares como la disposición de los espacios, el modo en que se organizan los equipos y se sitúan dentro de la empresa, la flexibilidad horaria, el teletrabajo, ahora más de moda que nunca, el tipo de reuniones que se establecen, el modo de exponer cuando hay que realizar una ponencia o dar una explicación ante el resto de compañeros y un largo etcétera.

Y es que todo lo que hemos visto hasta ahora en este bloque, desde los valores de la organización hasta las emociones que puede trasladar a través de su marca y sus acciones, aquellas expectativas que tiene, su misión, aquello en lo que cree, etc., no solo puede hacer que los públicos externos se identifiquen con la marca, sino que sirve también a un fin interno, pues crea esa cultura corporativa interna que permite cohesionar a los miembros de la organización, favorecer sin duda que se impliquen con mayor motivación y entusiasmo en la misión y los proyectos de la organización y, como consecuencia de ello, generar un clima interno de concordia, un lugar de trabajo, a fin de cuentas, donde te apetece sumar.

> ***Los valores de la organización fundamentan la cultura***
> ***corporativa*** *y suponen el universo compartido entre la marca*
> *y sus públicos, tanto internos como externos*

Cuando existe una cultura corporativa débil en una organización, no logramos que los valores convenzan a nuestro público interno ni por tanto su participación activa en las iniciativas internas o su compromiso real más allá de cumplir con su horario y su tarea. Porque en contra de lo que muchos —malos— responsables de recursos humanos creen, no basta con la motivación que uno trae de su casa (te animo a consultar a este respecto el epígrafe 23.3.).

De hecho, en función especialmente de la relación que se establece con los trabajadores, nos podemos encontrar con organizaciones que basan su cultura en el poder. Son aquellos casos en las que existe una diferenciación jerárquica vertical marcada por la existencia de un jefe autoritario, que es proclamado —y especialmente autoproclamado— como el gran responsable de los éxitos de la compañía, sin importar el trabajo realizado por los equipos que la integran. Ya hemos visto en la imagen 2 las principales características de un jefe en contraposición a las de un líder, y esa tiranía lleva a estos perfiles a querer rodearse solo de personas que no le contradicen y que le permiten, así, crear este tipo de cultura basada en el miedo y la imposición; una cultura que evidentemente es muy contraproducente para la buena marcha de los equipos y, por ende, de la organización.

Pero también podemos encontrarnos con organizaciones con una cultura especialmente sancionadora, en las que las normas se deben cumplir de forma estricta, con rígidos protocolos y con sanciones para todo aquel que los incumpla. No es negativo, en absoluto, tener códigos de conducta o pautas en materias como la prevención de riesgos laborales o el horario de la jornada laboral, pero basar la cultura organizacional en este modelo puede ser peligroso, ya que podemos crear, como en el caso anterior, un ambiente de miedo para nada apetecible.

Otro ejemplo es la cultura corporativa orientada exclusivamente a resultados, es decir, al cumplimiento de objetivos a corto plazo. Si con ello logramos mejorar el trabajo en equipo o potenciar el talento de cada miembro, estupendo. Es positivo que velemos por los procesos para cumplir los objetivos y por las mejores prácticas posibles, pero cuidado con una cultura excesivamente centrada en los resultados, ya que estos los logran las personas y estas no son meros números. En todo caso, hay que tener en cuenta que la motivación de la plantilla vendrá dada por el reconocimiento a su labor, su promoción profesional y un interés real de la organización por seguir desarrollando su talento y sus capacidades.

Sin duda un modelo ideal es de la cultura centrada en las personas, lo cual no quiere decir que no existan objetivos y recompensas en base a resultados o que no haya normas, sino que la clave está en el equilibrio y en tener como prioridad el bienestar de quienes realmente dan sentido a la organización y permiten su desarrollo, que son las personas que la integran. Yo la llamo cultura de la humanidad, y para cada vez más organizaciones, afortunadamente, lo más importante —de verdad— son las personas y su desarrollo personal y profesional. Y digo *de verdad* porque son muchas las organizaciones que, en aras a tener una mejor reputación y a ser mejor valoradas, dicen poner a las personas en el centro del negocio, pero solo es así en el papel, en el plan estratégico, sin verse reflejado esto en la operativa diaria de la empresa. Luego nos encontramos en esas organizaciones con despidos masivos y/o improcedentes, descontento generalizado, miedo a opinar por si se toman represalias, etc.

Aquellas organizaciones que realmente buscan la realización personal y profesional de los miembros de sus equipos de trabajo mediante el desarrollo de su formación, el fomento de su motivación, creatividad, implicación y satisfacción son las que de verdad entienden que el trabajador es su activo más importante, el centro de la actividad, y existe, por tanto, un interés mutuo entre ambas partes. Aquí no hay una relación de poder, sino de colaboración, y los trabajadores se sienten motivados y recompensados por la libertad con la que trabajan y disponen de su tiempo. En estos casos es mucho más sencillo poder contagiar los valores de la organización y hacer que sus miembros se sientan parte de la misma con orgullo y motivación. Por ello este asunto, que parece propio en exclusiva de recursos humanos, es también fundamental a nivel de comunicación, en cuanto a que influye directamente en la cultura corporativa.

Nuestros valores deben coincidir con los valores de la organización; nuestra visión del mundo ha de estar alineada con la visión de la organización; el modo de comportarse que la entidad tiene con las trabajadores y sus prácticas empresariales influirán decisivamente en el bienestar de estos (transparencia, comunicación interna, *feedback*, salarios, talento, RRHH...); la imagen y la reputación que la empresa tenga socialmente puede reforzar la cultura corporativa y el orgullo de pertenencia, también el apoyo a proyectos sociales o el compromiso con la sostenibilidad y con las personas en situación de vulnerabilidad.

¡Alerta! Jefe a la vista

"Todo el mundo está muy contento con nosotros.
En ningún sitio se trabaja mejor que aquí".

Hay algunos jefes que sufren de ceguera selectiva, por tanto voluntaria, y que, por ejemplo, ante críticas y opiniones contrarias a las políticas de la empresa por parte de los trabajadores, se aferran a la buena valoración de la compañía que realizan otros públicos, como los clientes, patrocinadores o socios, para dibujar una imagen idílica de la organización, alejada totalmente de la realidad.

La imagen objetiva de lo que la empresa es y la subjetiva de sus propios trabajadores no tiene por qué casar en absoluto con la imagen pública que se pretende crear, lo cual es un gran problema (hablaremos de ello enseguida, al abordar el concepto de imagen corporativa). Puede, en efecto, que el servicio que se ofrece al cliente sea fabuloso y la misión de la organización encomiable, pero no atender a la imagen interna y dejar que esta se degrade por considerarla menos importante, fruto, en la mayor parte de los casos, de malas políticas de recursos humanos que no mantienen la motivación y pasión de los trabajadores, es una de las peores cosas que puede hacer una entidad, ya que sus equipos son la base de todo, son quienes sacan la empresa adelante y quienes, además, proyectarán hacia afuera esa imagen de la organización. ¡No se pueden descuidar sus sentimientos y sus opiniones!

En estos casos no hablamos —pese a que "de boquilla" o en documentos estratégicos se diga lo contrario— de una cultura centrada en las personas, sino de alguna de las anteriormente citadas: una cultura basada en el poder, extremadamente sancionadora u orientada exclusivamente a resultados, donde se desecha a los trabajadores que dejan de interesar a la organización, por ejemplo, por manifestar su descontento con alguna acción para que no contagien su malestar, en vez de atajar el origen de ese descontento que, en la mayor parte de los casos, está en las manos de la alta dirección, pero que se muestra ineficiente, cero empática y despiadada —no tan alta, por tanto—; insisto: por muy bonita que sea su misión y pese a la magnífica imagen que se tenga de la marca, fruto, en gran medida, de un buen equipo de comunicación corporativa que también se acabará quemando y perdiendo su pasión, lo cual es en su caso más grave si cabe por la relevancia de su trabajo en relación a la reputación de la organización. Pero no podemos esperar que todos los jefes lleguen a entender esto si tienen el foco puesto en otro lugar y no están dispuestos a convertirse en verdaderos líderes.

2.5 EL MANUAL DE IDENTIDAD

Hemos hablado ya, al explicar la identidad visual de la empresa, que los elementos de la misma se recogen en un manual de marca. También hemos apuntado al discurso compartido y la necesidad de contar con un manual de estilo para definir la identidad verbal. Pues bien, como profesional que ha trabajado en el mundo de la comunicación corporativa en los últimos años, considero que el desarrollo de un manual de identidad que recoja toda esa cultura, toda esa identidad, más allá de definir solo aspectos como la arquitectura de marca o los términos a utilizar, es imprescindible para **asegurar, como elemento de consulta permanente y de resolución de dudas, la adecuada proyección de la identidad corporativa** en cualquier foro, canal o soporte. Y no solo es importante para la propia organización, sino también para los proveedores o colaboradores con los que trabaja, especialmente en relación a marketing y comunicación, claro.

Sin embargo, sorprende que algunas organizaciones no entiendan muy bien aún los motivos por los que necesitan contar con un manual de este tipo, quizás porque supongan que es algo útil solo para grandes empresas —lo cual no es en absoluto así— o porque no hayan comprendido que su marca es muchísimo más que el logotipo con el que se identifican, como ya hemos visto en páginas anteriores, y es preciso poner en orden y definir todos esos elementos en algún lugar.

Hoy en día, incluso un negocio pequeño genera diferentes elementos de comunicación, como creatividades, imágenes y textos para las redes sociales o para su web, anuncios si quiere hacer publicidad en algún *site* que le interese, en las redes o quiere promocionar algo en su propia página web, folletos o catálogos comerciales, *flyers* con la información básica del negocio o tarjetas de visita, cartelería para sus oficinas o su establecimiento y un etcétera infinito. E independientemente de si el propio empresario, por no tener equipo o recursos, elabora esos mensajes y creatividades o si se los encarga a un diseñador gráfico o a una agencia, el manual de identidad será fundamental para poder trabajar en estas piezas. Usarás, así, siempre el mismo estilo de comunicación y los colores con los que se identifica tu marca (no el azul, sino el valor de azul concreto de tu logo, por ejemplo). Solo así lograrás una consistencia, un criterio unificado que ayudará a que tu marca sea recordable y se identifique con sus valores.

Es obvio que en una gran organización el manual de identidad no es ya simplemente necesario, sino que podríamos decir que es imprescindible para el trabajo de los equipos de comunicación y marketing fundamentalmente, así como de las agencias o colaboradores con quienes trabajen. Sus manuales son mucho más extensos y completos a fin de contemplar todas las posibles aplicaciones de la marca, como puede ser en la paquetería y los envoltorios de sus productos, en los vehículos de la empresa, los *spots* de televisión, la papelería corporativa, las firmas de correo de los trabajadores, etc. Así, y pese a que cada marca define su propio manual según sus necesidades o intereses, a mí me parece que una de las estructuras más completas para elaborar un manual de identidad que cumpla su objetivo es la siguiente:

1. **Introducción.** En este primer apartado introductorio podemos ya definir alguno de los elementos de la identidad corporativa, como pueden ser:

   a) La **forma jurídica**.

   b) La **actividad** que desempeña la organización.

   c) Su **misión y visión**, es decir, por qué existe y qué pretende lograr en un futuro a través de su actividad, ya que estos elementos van a ser decisorios para el desarrollo del resto del manual.

   d) Incluso puede hacerse, en esta introducción, alusión al **posicionamiento** que la organización ocupa con respecto a la competencia en el mercado.

2. **Historia de la organización.** No solo sirve para enmarcar o contextualizar la marca y conocer lo que la organización ha logrado hasta ahora, cuándo nació o cuáles son sus hitos más destacados, que también, sino para comprender mejor aún lo que define la misión, es decir, el origen de la marca, el motivo por el que la organización nació y por el que ha dado forma a la marca tal y cómo la conocemos hoy y como la van a definir las siguientes páginas del manual.

3. **Comportamiento.** Es importante dejar patente cómo hace las cosas la organización a nivel ético, si dispone de códigos de conducta y de igualdad, certificaciones por la calidad de sus servicios, planes de responsabilidad social, mejoras en las condiciones de sus trabajadores, etc.

4. **Identidad verbal.** Acabamos de explicarla en un apartado propio unas páginas atrás, y es aquí, en el manual, donde el discurso compartido y esas pautas en cuanto al *naming*, la voz, el estilo y el tono deben quedar patentes.

5. **Identidad visual.** Aquí definimos los elementos gráficos de la marca y el modo en que visualmente deben aparecer, tanto en el entorno *online* como en el *offline*. Es decir, lo que muchas marcas llaman *manual de marca* o *documento de arquitectura de marca*[7]. Elementos como:

   a) El **logo** y sus variantes: sobre fondo blanco y negro, con versiones reducidas si las hubiera, con y sin *tagline*, el isotipo y sus usos si lo hubiera también, el área de seguridad que debe respetarse alrededor del logo para que respire y que, por tanto, no deben invadir otros elementos, etc.

---

7   Recuerda el apartado de arquitectura de marca en el epígrafe 6.2.2., donde tienes más claves sobre este asunto.

b) Los **colores** corporativos y sus referencias, tanto para materiales impresos —Pantone exacto y su traducción al sistema CMYK, es decir, *Cyan, Magenta, Yellow and Black* o, en español, cian, magenta, amarillo y negro para imprimir en casos en los que se requieren varias tintas— como para pantallas —especificando la combinación RGB, es decir, *Red, Green and Blue* o rojo, verde y azul, así como el código hexadecimal HTML formado por 6 cifras precedidas de una almohadilla que especifica el color en diseño web—[8]. De este modo, te asegurarás de que el color o colores relacionados con tu marca sean siempre exactamente los mismos.

c) Las **tipografías** corporativas incluyen tanto la del *naming* que utilizamos para formar el logotipo de la organización como aquella o aquellas elegidas para cualquier otro texto corporativo. Se puede especificar, por ejemplo, una concreta para los *claims* publicitarios o los titulares destacados —en estos cosas es mejor una letra sin *serif*, así como para pantallas, es decir, aquella que no tiene "rabillos" que enlazan una letra con otra— y otra para los cuerpos de texto —en estos casos son especialmente indicadas las tipografías con *serif* impresas, pues tiene mejor legibilidad—. En todo caso, no deberían ser más de dos o tres y han de trasladar aquello que pretendemos. En el manual podemos mostrarlas con los caracteres de todas las letras del alfabeto y los números del 0 al 9, además de poder incluir algunos ejemplos de aplicación. Así mismo, se suelen especificar las versiones en negrita y cursiva, minúscula y mayúscula y otras posibilidades si las hubiera en esa tipografía en concreto, así como casos excepcionales. Hay compañías, por ejemplo, que establecen que una tipografía concreta no puede ponerse nunca en mayúscula, a excepción de la letra capital al inicio de una frase, pero en ningún caso una palabra completa en letras mayúsculas o viceversa.

d) Muchas organizaciones utilizan **iconografía** corporativa propia, es decir, símbolos que representan diferentes conceptos que pueden aparecer en la web, en sus catálogos o en cualquier otro soporte. Esos iconos, a fin de utilizar siempre los mismos y, de nuevo, dotar también a estos elementos de una identidad propia vinculada a los valores de la organización, se deben estandarizar e incluir en el manual.

---

8   Te dejo un ejemplo: el pantone gris perla es el 422 C, que corresponde a la combinación CMYK siguiente: C16 M11 Y11 K29. En el entorno digital, la traducción a RGB sería R158 G162 B162 y #9ea2a2 en código HTML. Parece una locura, quizás te parezca que te hablo de forma encriptada si no estás familiarizado con estos términos, pero en el fondo, una vez definido el Pantone es sencillo traducirlo al resto de colores, ya que es algo que está estandarizado y que podrás hacer con una sencilla búsqueda en internet.

e) Las **fotografías** que la empresa utilice en sus comunicaciones, o al menos el tipo de fotografías y las pautas para elegirlas, es algo que también debe establecerse en el manual, ya que las imágenes que utilicemos deben estar alineadas con el tono y estilo de la marca. Puede que siempre recurramos a fotografías con una tonalidad o filtro concreto, que apostemos por el blanco y negro o que especifiquemos, entre otras muchas cosas, que siempre que aparezcan personas deben hacerlo en una actitud concreta. Podemos, también, establecer aquellas imágenes que en ningún caso podemos utilizar por tener una carga negativa o contraria a la identidad de la marca. Esto nos lleva al punto siguiente:

f) Me resulta importante incluir los **usos incorrectos o versiones imposibles** en las que el logo no debe usarse o los colores que no deben aplicarse, las tipografías no están bien utilizadas o las imágenes elegidas no son correctas. Es decir, una sección de malas prácticas como ejemplo de lo que no se debe hacer en relación a los elementos expuestos. Por ello se suele especificar la longitud o los píxeles mínimos a los que debe representarse el logo, los colores que no deben utilizarse como masa de color en grandes superficies impresas o el tipo de imagen que choca con los valores de la empresa. Estas cuestiones pueden también tratarse en el apartado destinado a cada elemento, pero aglutinarlas en uno concreto puede ayudarte a organizar los elementos. ¡Hazlo como te resulte más limpio y comprensible!

g) Es habitual incluir **ejemplos de aplicación de la marca**, por ejemplo: en la uniformidad de los trabajadores si la llevasen, en los vehículos corporativos, fachadas e interior de edificios, papelería (sobres, carpetas, tarjetas de visita, archivadores, etc.), firma corporativa de correo, *merchandising* (camisetas, tazas, pins, etc.), establecimientos si los hubiera, etc. En fin, en todos aquellos soportes estandarizados para la organización en función de la naturaleza y necesidades de esta, a fin de que se aplique siempre del mismo modo. Esto puede hacerse en un anexo al final del manual o al terminar de exponer el apartado de identidad visual.

Puedes complementar el manual de identidad corporativa con ciertas plantillas para cartas, presentaciones, comunicados internos, notas de prensa, etc. Todas aquellas que tanto tú como tu equipo u otras personas de la organización necesiten en su actividad diaria, a fin de facilitarles el trabajo y también, claro, de asegurar un correcto uso de la marca. Organizaciones como Ineco o Ecovidrio tienen buenos manuales para tomar como referencia que encontrarás fácilmente en internet.

3

LA NOTORIEDAD CORPORATIVA: ¿CUÁNTO NOS CONOCEN?

Lo que significa que nuestra marca sea notoria es que sea conocida. Es decir, la notoriedad corporativa es la **capacidad que tienen nuestros públicos de identificar nuestra marca u organización, de reconocerla y recordarla** en relación a la competencia o al mercado en el que nos movamos. Los públicos van a tomar decisiones respecto a nuestra marca y sus productos o servicios en función de si la recuerdan, si hemos logrado colarnos en su mente y de cómo sea el recuerdo que tengan de ella, si en el pasado hemos satisfecho sus deseos, hemos cumplido sus expectativas o las de alguien cercano en quienes confían, etc. Obviamente, registramos en nuestra memoria y recordamos con más facilidad aquellas marcas que más hemos experimentado, por lo que, en principio, podemos decir que cuanta más notoriedad logramos, mejor, siempre que no seamos en exceso invasivos.

Cuanto más experimenten los públicos
*nuestra marca, **cuanto más notoria sea,***
más fácil será que nos recuerden

Si te pido que pienses en una marca de coches y que hagas una lista de las cinco que más conoces o que antes se te vienen a la cabeza, podremos concluir que esas cinco han logrado una buena notoriedad, al menos respecto al público en el que tú encajas. Otra cosa distinta es cómo ves tú a esas empresas (la imagen percibida que tienes de ellas) y cómo las valoras (la reputación que tienen respecto a otras que conoces). Es decir, que con la notoriedad no basta; no es suficiente con ser una organización muy conocida si la imagen que tienen de nosotros los públicos es negativa o diferente a la realidad de lo que somos. Pero al mismo tiempo la notoriedad de nuestra marca es un activo tan importante para nuestra organización, que no vamos a lograr una buena imagen de cara a nuestros públicos y una buena reputación dentro de nuestro sector si no hemos logrado tener la suficiente notoriedad.

¿Y cómo logramos que nuestra marca sea notoria? Las fórmulas y los canales, y más en los últimos años con la revolución tecnológica, son muy variados, pero fundamentalmente lo hacemos a través de las diferentes opciones de comunicación externa que vamos a analizar en próximo bloque: los medios propios, aquellos con los que cuenta la propia organización, como la web, el blog o las redes sociales entre otros; los medios que la organización puede contratar o medios pagados, es decir, la publicidad fundamentalmente, tanto en medios de masas como *online*, y el patrocinio de acciones o eventos; en tercer lugar, los medios que conocemos como medios ganados, o lo que es lo mismo, fundamentalmente la difusión a través de los medios de comunicación con los que se generan estrechas relaciones; y, por último, las relaciones institucionales que la organización mantenga con los organismos públicos o con otras instituciones. Podemos incluir también la organización de eventos propios, a lo cual dedicaremos un bloque en exclusiva por su importancia y sus especificidades, pues no cabe duda de que, en función de los objetivos y de la repercusión que el evento tenga, puede convertirse también en una potente herramienta que aumente la notoriedad de nuestra marca.

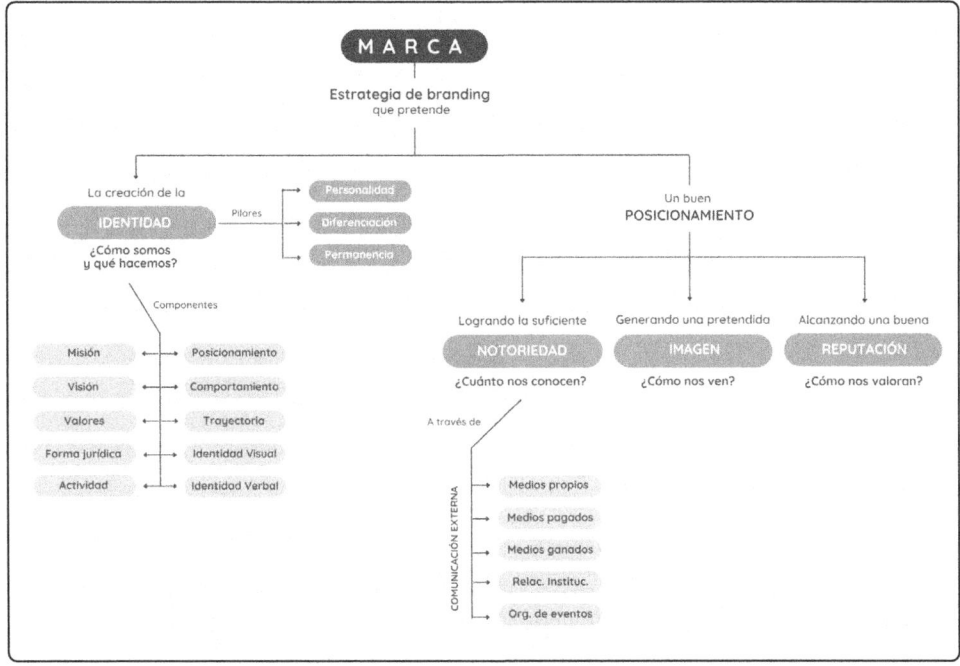

Imagen 6.3. Herramientas de comunicación externa para lograr aumentar la notoriedad de la marca.

Tengo que incidir de nuevo aquí en algo que ya he recalcado, que es la importancia de conocer bien a nuestros públicos, ya que esto va a ser clave para saber cómo llegar a impactar en ellos: puede ser un *target* joven que utiliza asiduamente una red social concreta, un público maduro y con un nivel cultural determinado que lea prensa escrita, un segmento de la población de un sexo concreto que consuma un cierto tipo de televisión en unas franjas horarias determinadas, etc. Solo conociendo bien los deseos, preferencias y hábitos de nuestros públicos vamos a poder desarrollar una eficaz estrategia de comunicación que nos permita tener la notoriedad deseada.

4

LA IMAGEN CORPORATIVA: ¿CÓMO NOS VEN?

Hasta el momento, hemos definido la identidad de nuestra organización, es decir, aquello que la entidad es y hace, y cómo conformarla, darle forma, respetarla y hacerla respetar para asegurar que la marca se muestre en línea con sus valores, con su esencia. También acabamos de abordar el segundo concepto destacado en la definición de comunicación corporativa, el de notoriedad, para entender que si no logramos que los públicos nos conozcan, conozcan nuestra identidad, no serviría de mucho haberla creado. Pero claro, no queremos que nos conozcan de cualquier modo, ¿verdad? Por ello nos toca ahora definir el tercer concepto de la definición de comunicación corporativa: la imagen de nuestra organización es **el modo en que los públicos nos ven, nos perciben**. En otras palabras, el conjunto de cualidades que se le atribuyen a nuestra organización que no tiene que ver tanto con la tangibilidad de nuestra identidad, sino con la imagen mental que los públicos se forman sobre lo que somos.

4.1 ELEMENTOS QUE CONSTRUYEN LA IMAGEN

Los públicos tienden a asociar rasgos de la personalidad humana a una marca, lo cual sabemos ya desde 1900, y las marcas —las organizaciones— son cada vez más conscientes de que **los públicos tienen una preferencia o afinidad mayor por una marca cuanto más se asemeja la personalidad de esta a la suya propia**. Es decir, para llegar a apelar a las emociones del *target* y tener una ventaja competitiva respecto a la competencia, es importante configurar una identidad con la que nuestro público potencial se identifique. Pero aquí viene la diferenciación de estos dos términos: no es lo mismo la identidad o personalidad de la marca que la imagen de la marca, aunque lo ideal es que se asemejen y que esa imagen que se tiene de nosotros sea la que nosotros deseamos.

Pero pese a saber todo esto desde inicios del siglo XX, hasta mediados de los años ochenta no es cuando en realidad entendemos, gracias especialmente a Joseph T. Plummer, que hay tres elementos fundamentales que construyen a la marca en la mente y también, no lo olvidemos, en los corazones de nuestros públicos, que son:

1. **Los atributos físicos de los productos o servicios que la marca ofrece**, por ejemplo, si hablamos de una empresa de telefonía, las características de sus terminales, las pulgadas que tienen sus pantallas, su capacidad de almacenaje, etc. También podríamos incluir aquí atributos estéticos o relativos al *packaging* e incluso al precio, aunque este no sea físico.

2. **Los beneficios funcionales que tienen esos productos o servicios**, es decir, que esos terminales nos sirvan para hablar con otras personas, para consultar nuestro correo electrónico, para hacer videollamadas, para todo aquello que busquemos en un nuevo móvil. En suma: razones por las cuales lo necesitamos.

3. **La caracterización de la marca**, o lo que es lo mismo, su personalidad: ¿es una firma moderna, actual, desenfadada, fresca, juvenil? ¿O por el contrario es clásica y tradicional, habitual entre personas de un estatus determinado o una franja de edad concreta?

"Una marca debe presentarse a su público con una personalidad clara, auténtica y deseable, además de relevante", dice Giuseppe Cavallo. Porque la inmensa mayoría de los bienes y servicios no se compran o contratan simplemente por sus atributos o por los beneficios que nos puedan reportar, sino por su valor simbólico, por su "forma de ser", de hacernos sentir y de conectar con lo que nosotros mismos somos o queremos ser; por ese tercer elemento que hemos llamado caracterización de la marca. Los públicos buscan marcas que se conviertan en auténticas aliadas a la hora de expresarse. Y precisamente esa personalidad a la que alude Cavallo y que es clave en la decisión de los públicos respecto a la marca es también uno de los pilares de la identidad corporativa que ya hemos estudiado: la marca debe tener una personalidad que debe trasladar a los públicos a la hora de generar una imagen sobre ella.

4.2 FUNCIONES DE LA IMAGEN CORPORATIVA

No todas las personas tienen la misma imagen de una marca u organización, ya que sus valores pueden diferir o su experiencia en la interacción con la misma puede haber sido más o menos satisfactoria. Sin embargo, la organización sí que debe pretender que exista cierta homogeneidad en la imagen colectiva que se tiene de ella, y huelga decir que pretenderá siempre que sea una imagen positiva, ya que parte de su competitividad en el mercado depende de esa imagen. Y es que lo que pretendemos creando en la mente y los corazones de los públicos esa pretendida imagen es fundamentalmente:

1. **Que nos recuerden como somos.** No basta con que nos recuerden, con que sepan que existamos, lo cual, como ya hemos visto, nos lo brinda una buena notoriedad de la marca. Lo que debemos pretender es colarnos en el ideario colectivo de los públicos del mejor modo posible, que no es otro que a través de la identidad diferencial de nuestra organización. Es decir, debemos lograr que, al identificarnos o recordarnos, lo hagan en base a nuestros valores, a aquello que somos realmente. En otras palabras: que la imagen que los públicos tengan de nosotros sea lo más parecida posible a la imagen objetiva de lo que somos realmente[9].

2. **Que nos reconozcan positivamente.** Es decir, la imagen que proyectamos debe servir para adquirir y reforzar nuestra reputación corporativa, de la que hablamos en el epígrafe 9 como el cuarto pilar de la comunicación corporativa, nuestro prestigio, generando una opinión pública favorable hacia nuestra organización y nuestra actividad. Esto mejorará el posicionamiento de la marca y, por tanto, su competitividad. Ese dicho popular que promulga *que hablen de nosotros, aunque sea mal, pero que hablen*, no puede aplicarse en el ámbito de la comunicación corporativa: si nos conocen bajo un prisma negativo, como una organización que no hace bien las cosas, nuestra reputación caerá en picado y, de su mano, el negocio o desarrollo de la misión se verán en serio riesgo.

3. **Que nuestra cultura interna se vea reforzada**, ya que los propios públicos internos pueden ver respaldada la identidad de la organización, que conocen o deberían conocer mejor que nadie, en una opinión pública favorable y alineada a los valores que ellos, como miembros de la organización, comparten. Así mismo, y de modo bidireccional, la imagen creada o percibida desde el exterior nos puede servir como indicador sobre posibles mejoras o cambios en la cultura interna.

4. **Que podamos desarrollar nuestra estrategia con mayor facilidad**, especialmente nuestra estrategia de comunicación y marketing, ya que una imagen favorable facilita el éxito del lanzamiento de nuevos productos o servicios, la fidelización de clientes o la atracción de otros nuevos y, entre otras muchas cuestiones, la minimización de los posibles efectos negativos de una crisis.

---

9   A no ser, claro está, que nuestra organización tenga una mala praxis como forma de operar de manera habitual, en cuyo caso se busca maquillar, limpiar, blanquear la imagen que se pueda tener a través triquiñuelas nada recomendables que son las que generan después esa mala imagen de aspectos como el marketing y la comunicación a la que ya me he referido, entendidos como herramientas fundamentadas en la mentira y el engaño.

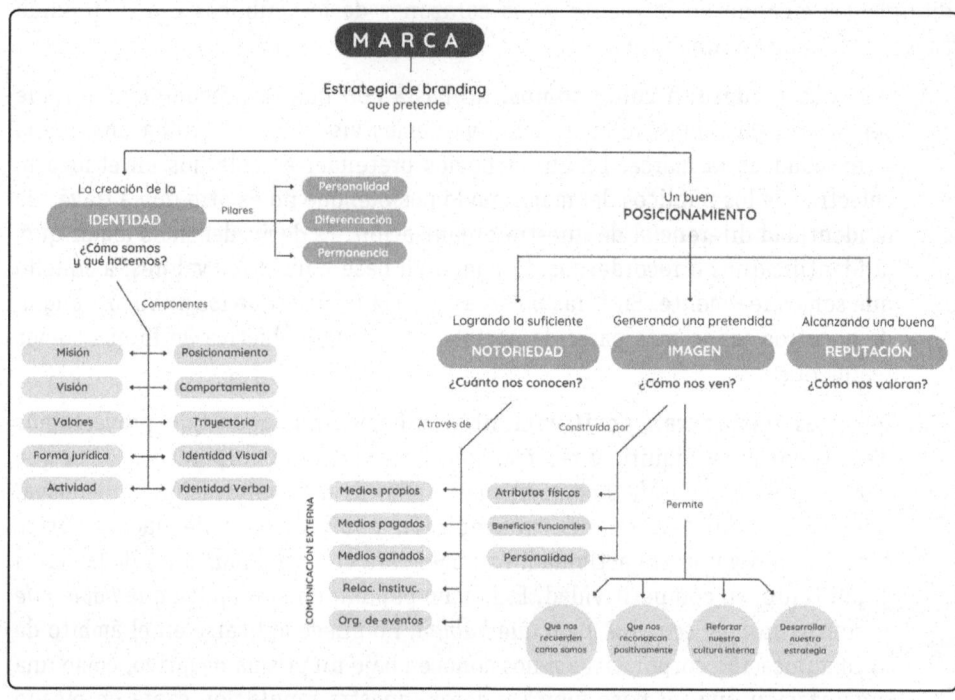

Imagen 6.4. Los elementos que construyen la imagen corporativa y las funciones que esta tiene.

4.3 CONSTRUYENDO LA MEJOR IMAGEN POSIBLE

Pero cabe preguntarse, ¿cómo podemos construir una imagen corporativa ideal, que cumpla con nuestros objetivos, que sea la mejor imagen posible de nuestra organización? Es decir, lo que se conoce como **imagen intencional**, la que queremos que los públicos, especialmente los públicos prioritarios, los que son más importantes para nosotros —nuestro *target*— tengan sobre lo que somos. Ya hemos dicho algo clave en este sentido: que la imagen debe respirar nuestra identidad, estar perfectamente alineada con ella. Y, además, debe servir para satisfacer los objetivos de reputación y empresariales de la organización. Pero ¿cómo lograrlo? Haciendo una gestión estratégica de la imagen corporativa y no desentendiéndonos de ella y de cómo los públicos van a vernos. Y, para ello, podemos definir varios pasos a seguir:

1. **Análisis de la imagen actual**

   Podemos contar con una empresa especializada que realice una auditoría o bien hacerla nosotros mismos tratando de ser lo más objetivos posible. Esto puede incluir encuestas de satisfacción a los clientes, encuestas a los trabajadores, análisis de opiniones de usuarios o clientes en internet, etc.

2. **Definición de la imagen intencional**

Es muy importante que tengamos claro cómo queremos que nos perciban. Y, si hemos hecho un trabajo previo de construcción de la identidad corporativa, va a ser más sencillo definir la imagen intencional: queremos que nos perciban como somos, y ya sabemos cómo somos.

3. **Gestión de la comunicación integral**

Todas las acciones de la estrategia de comunicación interna y de comunicación externa deben ir orientadas a generar esa imagen intencional. Así mismo, la identidad que hayamos definido previamente y contenido en el manual de identidad y la cultura corporativa creada van a ser herramientas clave en este proceso de gestión de la comunicación para construir la imagen ideal.

No siempre lo que creen que somos y hacemos es lo que somos y hacemos,
y a eso debemos ponerle remedio

La imagen de nuestra organización puede verse influenciada por públicos diferentes, siendo los principales los clientes, que han tenido la experiencia de interactuar con nuestros bienes y/o servicios y conocen no solo su calidad, sino nuestro modelo de atención al cliente, de ahí que nuestra actividad, y no solo nuestra comunicación, deba ser también impecable porque también genera opinión; los colaboradores u otros *stakeholders* que puedan tener cierto interés en nuestra organización, como los trabajadores o proveedores, por ejemplo; los competidores, cuya actividad y posicionamiento respecto a nosotros debemos tener muy en cuenta, como ellos tendrán en cuenta nuestra imagen proyectada o, por destacar un público más, las personas influyentes para nuestros públicos, los *influencers*, que logran que su audiencia confíe en su criterio y que pueden, por tanto, trasladar una imagen creíble de nuestra organización. **Internet ha provocado que cada vez existan más puntos de contacto entre la marca y sus públicos, perdiendo la primera en muchos casos el control de lo que los segundos reciben sobre ella.** Por eso debemos cuidar al menos todo lo que está a nuestra mano: desde la actitud de la persona que responde al teléfono hasta la forma de responder a los mensajes del responsable de redes sociales.

En vista de la cantidad de factores externos y que no están bajo nuestro control que pueden influir en la imagen de nuestra marca, como esos múltiples públicos, nuestra estrategia de imagen corporativa podría no ser todo lo exitosa que esperamos y encontrarnos, pese a nuestro esfuerzo y buen hacer, con opiniones contrarias o desfavorables hacia la marca. La imagen se forma, a fin de cuentas, a través de las cualidades que los públicos le atribuyen a nuestra organización, por lo que sus experiencias o sus creencias van a influir, positiva o negativamente, en esa imagen percibida. No podemos pretender que todo el que nos conoce nos ame, pero sí que podemos hacer las cosas del mejor modo posible para minimizar esas opiniones contrarias.

Cuando nos apasiona nuestro trabajo y nos dedicamos a la comunicación corporativa, podemos caer en un error, que es el de creer que nuestra marca es el centro del planeta y, en torno a ella, gira todo, no considerando posible que nadie pueda tener de ella una mala imagen, que alguien no la conozca o no sepa reconocer su enorme valor. Nuestra organización es una más en el mercado, que es un ecosistema enorme, y nuestro trabajo o la actividad de nuestra empresa debe contribuir a mejorar ese mercado, ser una opción para los públicos cada vez mejor y cada vez para más personas, pero no somos el ombligo del mercado, no somos imprescindibles, así que analiza bien lo que otros piensan o dicen sobre tu organización, toma distancia, sé lo menos subjetivo posible y trabaja en favor de la mejor imagen.

5

LA REPUTACIÓN CORPORATIVA:
¿CÓMO NOS VALORAN?

¿Por qué pretendemos lograr que nuestra organización tenga una imagen concreta —intencional— alineada con su identidad entre los públicos? Es decir, que tenga autoridad: para **lograr una ventaja competitiva**, un valor que es medible, evaluable, tangible —no como la imagen, que es intangible— que es a lo que llamamos reputación corporativa y que es el cuarto concepto de la definición de comunicación corporativa, que volvemos a recordar: *"gestión de la identidad, la notoriedad, la imagen y la* <u>*reputación*</u> *de una organización a través de todos los medios a su alcance con el fin de diferenciarla y hacer que logre su objetivo de atracción de sus públicos".*

Lo importante, en este caso, es cómo valoran los públicos la marca o la organización, pero en un sentido evaluable. De hecho, no debe confundirse con la imagen porque puede haber una marca con una imagen fuerte, potente, muy reconocida y, sin embargo, una muy mala reputación. Y aquello que podemos evaluar en relación a la reputación corporativa está relacionado con lo que más puede preocupar a los públicos: aspectos como la **calidad**, bien sea de un modo global o bien en cuanto a los productos y/o servicios, al desempeño de los trabajadores o de la dirección, al tipo de colaboraciones y relaciones con los *stakeholders*, etc.; la **credibilidad** que tiene la organización en relación a aquello que comunica y si está en relación con lo que hace, es decir, si sus valores y sus acciones coinciden y si cumple sus promesas; la **responsabilidad** que la organización ejerce y su rendimiento, ya sea en el ámbito financiero o en relación a aspectos como la reversión en la mejora social y medioambiental o la capacidad de innovación o de crecimiento, el buen trato hacia los empleados, el respeto a la ley y a los principios éticos, etc.; y también el **atractivo** que la organización tiene para sus públicos, es decir, la consideración que estos hacen de la misma, bien sea por su carácter diferencial respecto a la competencia, por su capacidad para que su marca sea identificada o a por la confianza que genera.

La reputación es **confianza**, es **compromiso**;
es la relación en **equilibrio entre identidad e imagen**;
es la **unión de emoción y razón** en la relación con los públicos

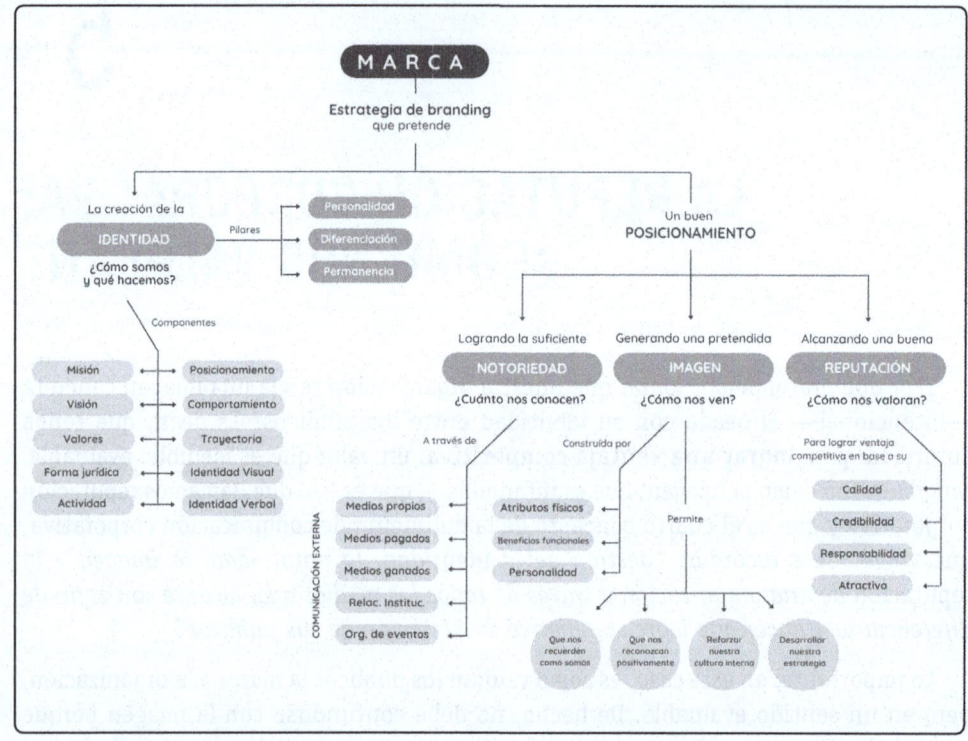

Imagen 6.5. Factores que afectan a la reputación corporativa.

Hoy en día, una organización se diferencia de su competencia fundamentalmente por el modo en que cumple con las expectativas de sus públicos; por las experiencias que les hace vivir. Así, esa percepción que ellos tienen de la marca la situará más arriba o más abajo en el ranking reputacional de organizaciones del sector. Y esto no es baladí, porque una buena reputación puede permitir a las empresas fijar, por ejemplo, precios superiores a la competencia, ya que sus públicos están dispuestos a pagar más por sus productos; implica, también, que sea más sencillo atraer a clientes nuevos y fidelizar a los actuales; ser más fuerte ante posibles crisis; pero además, a nivel interno puede suponer una mayor retención de personal, con menos rotación en su plantilla.

Existen muchos medios para poder medir o evaluar la reputación de una organización, como puede ser la consulta a los diferentes públicos de la organización, lo que se conoce como metodología *multistakeholder*, a través de encuestas o bien la comparación con respecto a otras organizaciones del sector, normalmente también a través de encuestas a sus directivos o de una investigación documental, lo que conocemos como *benchmarks*. Pero también podemos recurrir a estándares que existen a nivel nacional o incluso a nivel internacional, pudiendo colarnos en los *rankings* que evalúan el desempeño de las organizaciones y que nos pueden permitir pertenecer a esa lista de empresas con buena reputación, lo cual siempre será una palanca para ganarse la confianza de nuevos públicos, ya que demuestra que la empresa ha sido evaluada y bien valorada. Los más prestigiosos diarios generalistas o especializados suelen realizar *rankings* de empresas con buena reputación, pero también existen otros, como Merco, seguramente uno de los más prestigiosos de España, o Reptrak a nivel internacional.

En cualquier caso, es importante que una organización se preocupe de forma regular por evaluar su reputación de cara a mejorar su estrategia de comunicación y marketing, e incluso sus principios, sus valores, el desarrollo de su *core business*, sus prácticas empresariales y todo aquello que pueda afectar a la valoración que los *stakeholders* hacen de la compañía.

6

LA LEALTAD HACIA NUESTRA MARCA

Existe, como se ha podido apreciar en el desarrollo de los epígrafes anteriores, una fuerte conexión entre estos cuatro conceptos dentro del ámbito de la comunicación corporativa: las acciones de comunicación corporativa que llevamos a cabo van dirigidas a lograr que los principales públicos adquieran la **imagen** corporativa intencional que la compañía pretende basada en su **identidad** gracias a la **notoriedad** de la marca, contribuyendo así a lograr una **reputación** favorable.

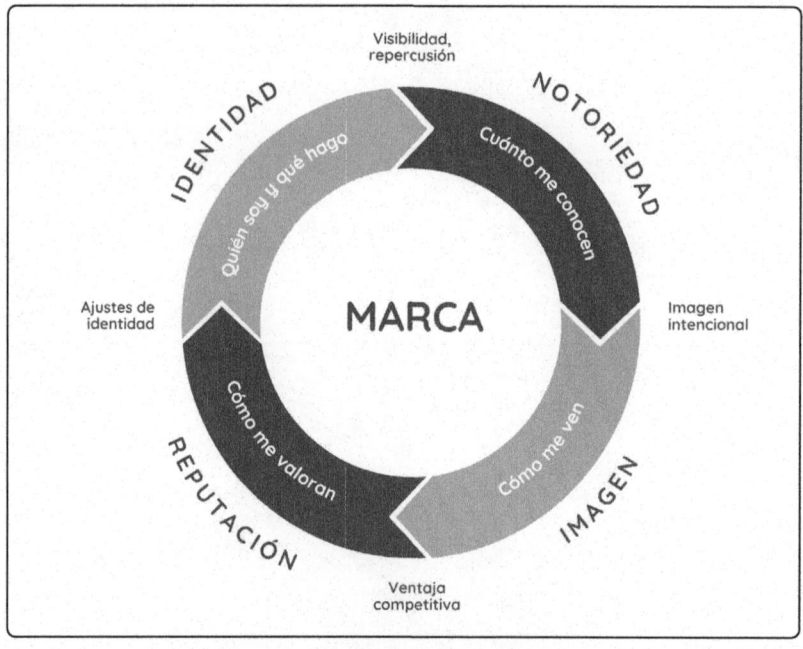

Imagen 11. La relación entre identidad, notoriedad, imagen y reputación corporativas.

Si hemos dicho que la identidad responde a qué somos, la notoriedad a cuánto nos conocen, la imagen a cómo nos ven y la reputación cómo nos valoran, es importante que, al mismo tiempo que trabajamos en lo que somos, lo que hacemos y lo que queremos ser, nos retroalimentamos de aquella información que nos dan los públicos sobre cómo nos perciben, de manera que podamos adecuar, mejorar o hacer evolucionar nuestra identidad corporativa y, a través de la comunicación, poder mejorar tanto la imagen como la reputación de la marca, logrando una mayor ventaja competitiva con respecto a la competencia y facilitando, así, el trabajo a nuestros colegas de marketing. El *branding*, como ya hemos apuntado, nos ayuda a lograr los objetivos de marketing, nos ayuda a vender más o lograr más socios, más patrocinadores, mayor nivel de atracción de voluntades.

EL EJEMPLO DEL PROFESOR DE HARVARD

Imaginemos a Thomas, un profesor de la Universidad de Harvard con tres carreras, dos másteres y varias publicaciones exitosas en el mercado. Es rara la semana que no aparece en algún medio concediendo una entrevista para opinar sobre un asunto de actualidad o presentar su último libro. Ofrece conferencias a nivel internacional por las que cobra cifras astronómicas y todos los colegas de profesión le citan como referente. Pero la vecina de Thomas cree que es una persona desordenada, poco aseada, en cuya casa se escuchan demasiados ruidos a horas intempestivas y de la que sale un extraño olor; el dueño de la cafetería de la esquina está harto de sus malas formas cuando va a tomar café y sus alumnos no soportan su forma impositiva de dar clase, pues les impide expresarse libremente y les suspende por el mero hecho de opinar. Thomas tiene una gran notoriedad pública, una reputación intachable, pero sin duda la imagen percibida que tienen de él quienes le conocen no es la más deseable.

Resulta evidente que cualquier organización desea que sus públicos sean leales, que sean fieles a sus productos y/o servicios y no elijan a la competencia. Esa pretendida **fidelidad** se logra, no solo porque la organización sea capaz de satisfacer los deseos y necesidades de los públicos, lo cual puede hacer seguramente también la competencia (a no ser que nuestra oferta sea única, lo cual no es sencillo en un mercado libre como el que tenemos), y a través de una buena experiencia de marca, como vimos en el epígrafe 5.2., sino que la lealtad se logra además gracias a una combinación perfecta de estos cuatro elementos que venimos definiendo: (1) la marca tiene una *identidad* alineada con los valores de los públicos; (2) la marca tiene la suficiente *notoriedad* como para lograr calar en la mente y el corazón de los públicos; (3) la buena *imagen* de la marca facilita la confianza de los públicos hacia ella y (4) la evaluación positiva del desempeño y compromiso de la marca incrementan su *reputación*, atrayendo a nuevos públicos y fidelizando a los actuales.

Ejemplo de evolución de identidad corporativa:

Atresmedia

Hasta el año 2013, el actual grupo de comunicación Atresmedia era conocido como Grupo Antena 3, nombre que hacía alusión a una de las cadenas de televisión privadas más conocidas de nuestro país desde su nacimiento en 1989 y a la emisora de radio —anterior— del mismo nombre. Pero su fusión con otra cadena, La Sexta, y su evolución hasta haberse convertido en el mayor grupo de comunicación de España derivó en un cambio de identidad que pasó por una nueva denominación del grupo, Atresmedia, y, por ende, de la arquitectura de todas sus submarcas.

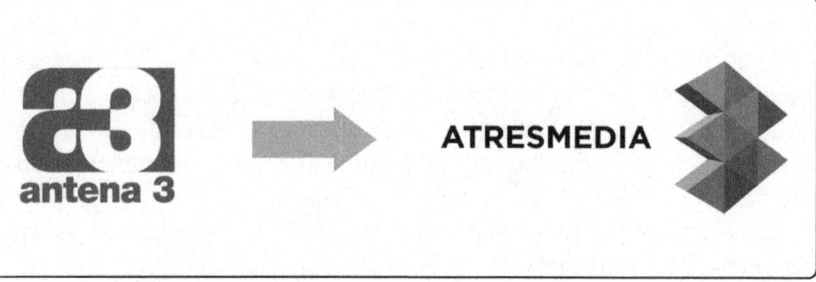

Imagen 12. Logo original del grupo Antena 3 y el actual
tras su cambio de denominación a Atresmedia.

Se decidió apostar para esta nueva identidad por la figura del **triángulo**, que es un polígono de tres lados y perpetúa, así, la presencia del número tres en la imagen de marca, base de su identidad desde su nacimiento. Además, otra posible forma recurrente en la creación de marcas y a la que podrían haber recurrido, como son las esferas, ya las tenía su principal competidor como seña visual: Mediaset. La combinación de diferentes triángulos que, además, forman el número tres pretende mostrar la variedad de oferta del grupo, agrupando todos sus productos bajo una marca global que sirve de vínculo identitario para todas sus submarcas. Se trata de lo que llamamos **marca paraguas,** como hemos visto en este bloque:

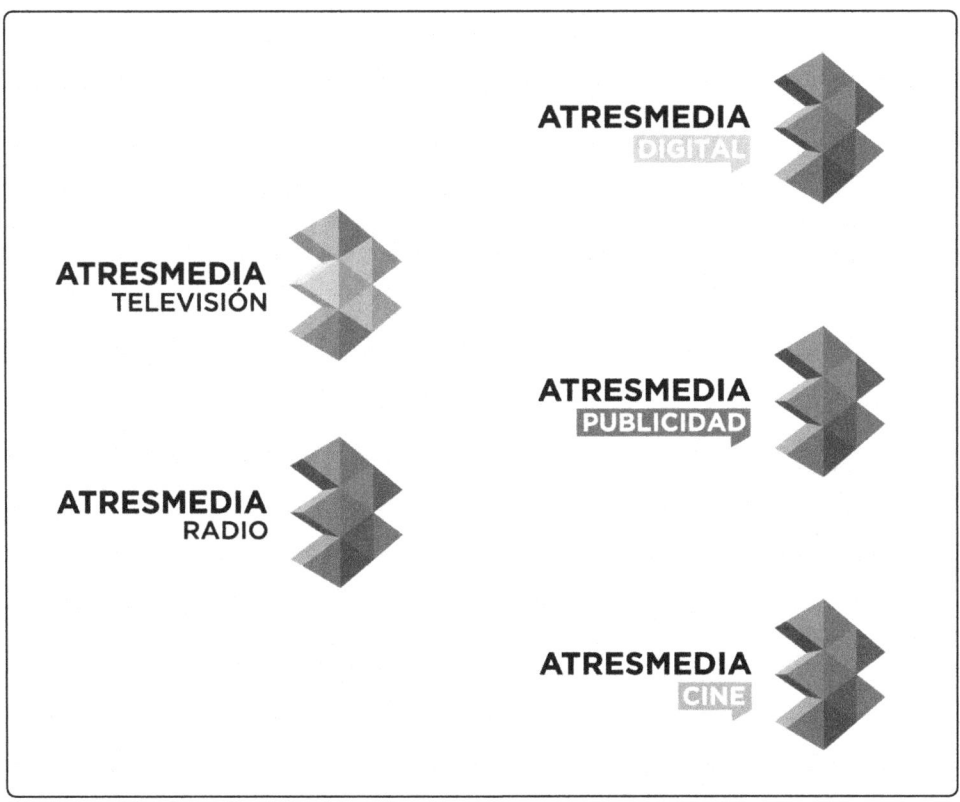

Imagen 13. Submarcas del Grupo Atresmedia.

La marca matriz del grupo cuenta con un carácter tridimensional con volumen y movimiento que genera una experiencia visual muy interesante y traslada además cierta **modernidad y dinamismo**. Además, mientras que en la marca anterior el protagonismo se lo llevaba un solo color, este nuevo modelo de marca muestra una **pluralidad de colores** en sus submarcas que alude también a la diversidad de productos y mercados a los que llega el grupo, lo cual sería mucho más complejo trasladar visualmente con una sola gama cromática. Sin embargo, el isotipo de la marca o logo *madre* mantiene el tono naranja de la marca anterior de su principal cadena, Antena 3 (con ciertas licencias extra en el caso de Atresmedia Televisión), lo cual refuerza su posicionamiento y evita un logo matriz de grupo excesivamente cargado, no aglutinando todos los colores en la marca principal. ¡Un acierto! Ya que esto le puede permitir crear nuevas submarcas con nuevas identidades sin tener que modificar el logo matriz.

Si bien se puede apreciar que para los logos agrupados, por ejemplo, bajo la submarca Atresmedia Televisión o Atresmedia Radio, se ha optado por un modelo de **marca libre**, dotando a cada una de marcas de ese segundo nivel de identidad propia, ya que son las que finalmente tendrán un mayor impacto en la audiencia al ser el nombre de cada una de las cadenas de televisión o emisoras de radio que podemos sintonizar, si se me permite este arcaico y analógico término. Por tanto, la arquitectura de marca del Grupo Atresmedia es combinada: paraguas en un primer estadio y libre en el segundo nivel, en el que se reserva un color concreto para cada una de las cadenas de televisión y emisoras de radio, cada una con una identidad propia.

Imagen 14. Logos comerciales de dos de las divisiones del Grupo Atresmedia.

Para algunos expertos, las formas angulosas del logo resultan en exceso agresivas, pero es muy acertado a la hora de expresarse como lo hace el grupo visualmente, conformando el isotipo como si se tratase de un origami y dando como resultado una marca compacta que, unida a ese volumen al que aludía, genera un universo identitario de aspecto muy profesional.

¿Pero y antes de este gran cambio? ¿Cómo ha evolucionado Atresmedia a lo largo del tiempo y por qué en cuanto a su imagen de marca? En la siguiente imagen se muestran los diferentes logos de su marca principal, Antena 3, con el año de su entrada en vigor en base a los cambios que enuncio a continuación:

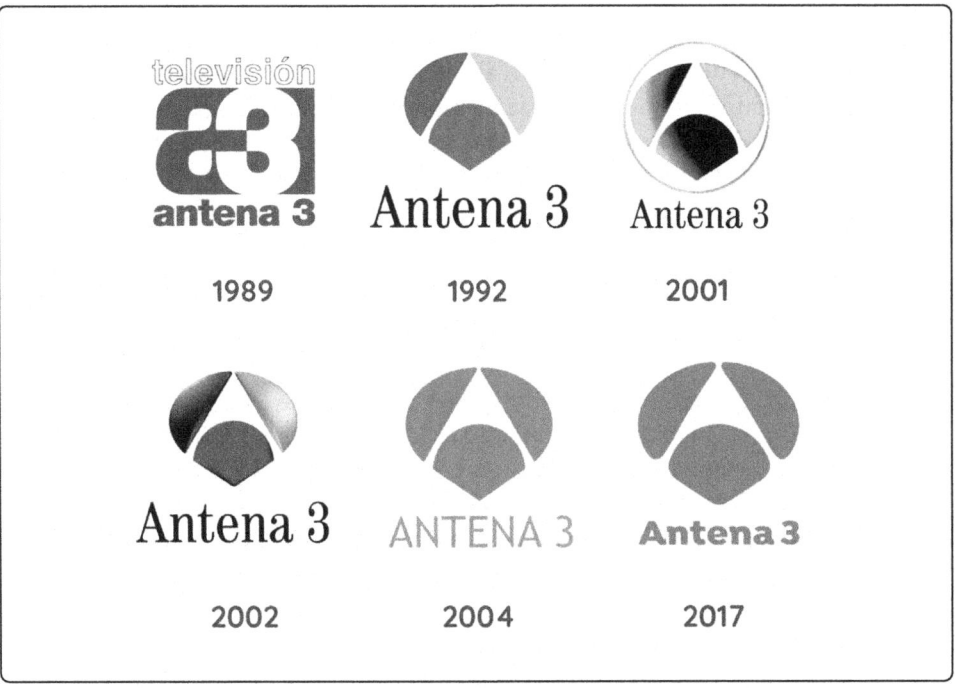

Imagen 15. Evolución a lo largo de los años del isologo de la cadena Antena 3.

1. **1989**

   En su origen, Antena 3 Televisión fue una evolución de Antena 3 Radio, una emisora que ya llevaba operando ocho años en las ondas españolas, y adoptó su logo con la abreviatura A3 donde primaba el color rojo —combinado con blanco— y con el nombre de la cadena escrito en minúsculas en un tipo de letra que se parece notablemente al actual.

2. **1992**

   La entrada del Banco Banesto como accionista de la cadena en 1992 traería consigo un cambio en la marca: aparece por primera vez el icónico isotipo que todos conocemos que está formado por tres piezas que conforman la letra A de los colores de la entidad bancaria: rojo, amarillo y azul.

3. **2001 y 2002**

Después de que su cadena rival, Telecinco, hubiese estado unos años utilizando el azul como color corporativo (lo abandona ese mismo año), Antena 3 decide sumarse también a los tonos azules, quizás los más habituales en el ámbito empresarial por los valores a los que evocan. La imagen pasa, además, a estar enmarcada en un círculo con ciertos reflejos y un tono metalizado propio de la época, aunque hoy nos pueda parecer algo *demodé*. Nunca, eso sí, dejó de usar sus colores —los de Banesto, aunque ya no era partícipe del grupo— en ciertas creatividades, y los recupera de nuevo en el logo solo un año después, en 2002, pero con las nuevas texturas que había aplicado al isotipo.

4. **2004**

Se produce este año un cambio fundamental que tiene su reflejo aún hoy en el actual logo: el color naranja aterriza en Antena 3 para no marcharse, al menos hasta ahora, con el nombre de la cadena escrito en gris y en mayúsculas con una tipografía de palo seco. En cuanto a la mosca en pantalla, el isotipo que vemos normalmente en una esquina inferior del televisor, se utiliza el blanco. Se trata de la época en que el Grupo Planeta había entrado como accionista y habían nacido Antena.Neox y Antena.Nova —sí, así se llamaban entonces— dirigidas específicamente a jóvenes y mujeres. Un cambio en la estrategia de contenidos en 2011 propicia ciertas licencias con la marca, aunque poco reseñables: Antena 3 decide eliminar formatos de corazón o sociedad con los que pretendía competir con Telecinco para virar hacia un modelo más familiar, más blanco, en aras a mejorar su imagen, lo cual de cara a atraer anunciantes es clave, y la televisión en abierto vive de los anunciantes. Sin abandonar el naranja, se apuesta por ciertas transparencias del logo.

5. **2017**

Si bien en 2010 y 2015, coincidiendo con los 20º y 25º aniversarios de la cadena, se permitieron ciertas licencias creativas con el logo, éste se mantiene inalterable hasta 2013, cuando nace el Grupo Atresmedia y sus submarcas ya explicadas tras la fusión con La Sexta. El Grupo también incluía Neox, Nova, Nitro, Xplora y, claro, Antena 3, algunas de las cuales desaparecieron y, desde 2015, aparecieron otras, como Mega y Atreseries. Pero el cambio respecto al anterior logo de Antena 3 viene en 2017, cuando se decide redondear ligeramente las aristas de las tres piezas o gajos que forman el isotipo, lo cual siempre es más amable y menos agresivo, y la tipografía también se redondea y pasa a ser más gruesa, como la de los inicios.

Considero muy exitosa la trayectoria evolutiva de este grupo, especialmente desde la construcción identitaria de Grupo Atresmedia, una identidad digna de estudio y un modelo de referencia. La marca ha logrado reflejar claramente su identidad en todas sus submarcas e imponerse de forma reconocible en su sector.

DOS CASOS REALES
Ejemplos de marcas que generan experiencias:
HBO y Nike

Cuando hablamos de que las marcas deben generar experiencias en sus públicos para conectar con ellos, tenemos que tener en cuenta que estos estímulos podemos lograrlos de muchas formas distintas: el propio embalaje de un producto, por ejemplo, puede generar un gran impacto en el consumidor que interactúa con él o que puede tomarlo en sus manos en un establecimiento; el diseño del propio producto también puede provocar sensaciones inolvidables en los públicos; una identidad muy diferencial, agresiva, atrevida, puede también suponer una experiencia de marca inigualable; un evento, como veremos en páginas siguientes, puede también suponer una experiencia transformadora; otros ejemplos, como el servicio de atención al cliente o el tipo de contenido generado en las redes también nos pueden servir para este fin. Dicho todo esto, lo importante es tratar de **"atrapar" a los públicos apelando a sus emociones, a sus sensaciones**, logrando que su experiencia en la interacción con nuestra marca sea diferente —y mejor, claro— a la que pueda tener con una marca de la competencia.

Eso es lo que hizo HBO, la famosa plataforma audiovisual, cuando apostó por crear un ***escape room***, tan de moda en los últimos tiempos, en relación a tres de sus productos audiovisuales más populares, haciendo partícipes de la marca a sus públicos de un modo que difícilmente podría ser más inmersivo y vivencial, ya que tenían que tratar de escapar de una serie de habitaciones encontrando pistas en relación a sus programas o series favoritas, como Juego de Tronos, por ejemplo. ¿Crees que es fácil que los participantes olviden esa experiencia? ¡Seguro que no!

Quiero citar también el caso de Nike, la popular marca deportiva, que con una sencilla acción, logró múltiples beneficios: generar comunidad y un mayor orgullo entre sus clientes por elegir a esta marca y no a otra al fidelizarlos, así como reforzar su compromiso medioambiental y su imagen como empresa socialmente responsable y, así, mejorar también su reputación. ¿Cómo? Colocando unos sencillos contenedores transparentes en sus tiendas donde cualquiera podría depositar sus zapatillas cuando ya fuesen demasiado viejas o se quisieran deshacer de ellas. Pero no solo de Nike, sino de cualquier marca. La empresa se comprometía a reciclarlas, por lo que estaba brindado a los clientes la oportunidad de hacer una buena acción por el medioambiente. Nike separaba los elementos de las zapatillas y lograba crear con ellos nuevos productos, incluso superficies para canchas deportivas. Nike no ganaba dinero con esta acción de forma directa, pero ganaba algo más importante: potenciales clientes nuevos y la fidelización de los actuales. Una inversión de futuro.

RESUMEN
La marca como carta de presentación

1. La marca es la base sobre la que se cimienta la comunicación corporativa. Tiene identidad propia y pretende que la recordemos, la elijamos y le seamos fieles.

2. El *branding* supone la gestión de la marca, la creación de su identidad y su posicionamiento, favoreciendo los objetivos de marketing.

3. La identidad se fundamenta en tres criterios: su personalidad, su diferenciación y su permanencia, y debe quedar establecida de forma clara en el manual de identidad y coincidir de forma fiel y realista con lo que la empresa es, hace y quiere ser.

4. La identidad nos ayuda a generar la cultura corporativa de la organización que hace que todos los miembros de la misma se sientan identificados y que a su vez contribuye a crear, hacia el exterior, una imagen positiva de la organización.

5. El manual de identidad recoge todos los elementos que componen la esencia de la marca, incluidas su identidad visual y verbal, y es una pieza clave para unificar y dar coherencia a cada acción de comunicación.

6. La notoriedad ayuda a que nos recuerden y a generar la mejor imagen posible de la organización entre los públicos. En este sentido, tanto los atributos físicos como los beneficios funcionales ayudan a generar la imagen de marca, pero sobre todo la comunicación de su valor simbólico y su personalidad.

7. Una imagen positiva contribuye a crear una buena reputación, es decir, una buena valoración por parte de los públicos, un buen posicionamiento, una ventaja competitiva.

8. La adecuada gestión de identidad, notoriedad, imagen y reputación contribuye a la fidelidad de los públicos

BLOQUE II

COMUNICACIÓN INTERNA Y EXTERNA

Hemos dibujado ya, a lo largo de las páginas anteriores, el ecosistema de la comunicación corporativa, es decir, tenemos ya una visión global de lo que esta es y supone para la organización, para la marca: sabemos que gira alrededor de una identidad concreta, que pretende una notoriedad suficiente, que busca generar una buena imagen de la organización y una reputación que la diferencie competitivamente de otras organizaciones. Y lo hace *"a través de todos los medios a su alcance"*, decía en la definición de comunicación corporativa. Pero ¿qué herramientas utiliza para ello? ¿De qué se vale un departamento de comunicación corporativa para lograr tan ambiciosos objetivos? ¿Cuáles son esos medios a su alcance?

Voy a agrupar en este bloque la mayoría de esas herramientas en dos grandes grupos en base a las dos categorías de públicos que hemos definido: primero hablaremos de la comunicación interna y después de la comunicación dirigida a los públicos externos, donde ahondaremos en los diferentes medios de los que nuestra organización dispone para alcanzar a estos públicos —medios propios, pagados y ganados—. Cerraremos el bloque hablando de un tipo de comunicación corporativa que, si bien es externa, merece un capítulo propio: las relaciones institucionales.

7

LA COMUNICACIÓN INTERNA

Como hemos visto al hablar de los públicos, los internos, es decir, las personas que forman parte de la organización, son uno de los *stakeholders* que debemos tener en cuenta. La comunicación interna, aquella que se dirige a esos públicos internos, es fundamental dentro de la estrategia del área de comunicación corporativa, ya que es clave para que la actividad de la organización se siga desarrollando de forma adecuada, para que la imagen que se tiene de la misma sea la mejor posible y también para que los equipos que conforman la plantilla se sientan parte de la entidad y de su misión.

Muchas organizaciones dejan la comunicación interna en manos de otros departamentos, como el de recursos humanos, por ejemplo. Esto puede generar ciertos problemas para un correcto desarrollo de la estrategia a seguir, ya que, por un lado, puede que en ese departamento no existan personas especializadas en el ámbito de la comunicación y que no tengan, por otra parte, un conocimiento tan detallado y profundo de la identidad corporativa. Sin embargo, este modelo de comunicación interna gestionada desde recursos humanos tiene la ventaja de que ese equipo es el mejor conocedor de las políticas de personal, la gestión de nóminas o los permisos vacacionales, entre otros asuntos propios de ese departamento.

La comunicación interna es estratégica y debe
estar gestionada por especialistas en comunicación
que conozcan a fondo la identidad corporativa

Puesto que la comunicación interna no sirve exclusivamente para comunicar ese tipo de información relativa a la gestión de personal —como vamos a ver enseguida— y es una herramienta muy valiosa para la imagen de la organización, lo ideal es que se lidere desde el área de comunicación corporativa con una estrecha relación y un flujo de información constante entre este departamento y el de recursos humanos.

7.1   OBJETIVOS DE LA COMUNICACIÓN INTERNA

Podemos establecer dos objetivos principales de la comunicación interna: por un lado, (1) tiene una utilidad práctica, ya que le sirve a la organización para **trasladar a los trabajadores cualquier información que les pueda interesar** en relación, por ejemplo, al convenio colectivo, a los planes de igualdad o de formación para trabajadores de la entidad, a sus nóminas y salarios, a la normativa de PRL —Prevención de Riesgos Laborales—, cambios en los horarios laborales coincidiendo, por ejemplo, con la jornada estival, calendario laboral, etc. En fin, cualquier asunto relativo a la gestión de personal. Pero también cualquier otra información destacada o relevante para la empresa que quiera que sea conocida por los trabajadores antes de llegar a la sociedad, como puede ser el lanzamiento de una campaña publicitaria o de un nuevo producto o servicio, la firma de un importante acuerdo de colaboración con otra organización o institución pública o, por destacar un ejemplo más, la ampliación o mejora de las instalaciones, lo cual puede conllevar obras, ruido, cambio de ubicación de algunos puestos, etc.

Pero esa información no se puede comunicar "de cualquier manera", sino que debe hacerse del mejor modo posible. Y esto significa, en el ámbito corporativo, hacerlo de forma alineada con la identidad corporativa de la organización. Y aquí es donde entra en juego el segundo objetivo de la comunicación interna: (2) **trasladar y contagiar la identidad de la entidad a todos los trabajadores** a través de las herramientas de las que puede hacer uso el área de comunicación corporativa, sus conocimientos sobre los valores, la misión y la visión de la organización y respetando escrupulosamente el manual de marca.

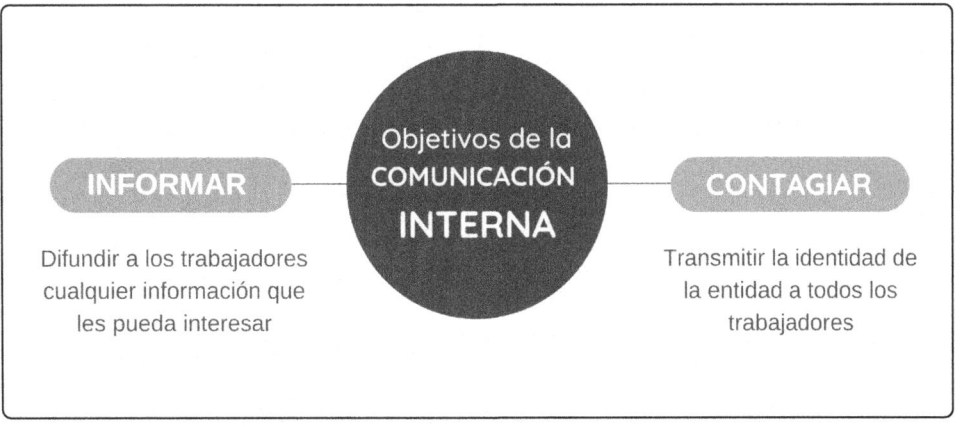

Imagen 16. Los objetivos de la comunicación interna.

Así, a través de la comunicación interna podemos lograr otros objetivos que derivan de estos dos, como reforzar la cultura corporativa, motivar a los trabajadores para retener su talento y evitar que se marchen a otras organizaciones, servir como pegamento de la plantilla al completo para que todos sus miembros se sientan parte de la organización, apoyar la estrategia global de la organización o permitir que ciertos planes importantes o cambios se conozcan en el momento adecuado y del mejor modo posible. Es decir, no es exclusivamente cuestión de dar forma a los mensajes que recursos humanos necesite comunicar, sino que se trata de conseguir un clima laboral colaborativo, en el que los trabajadores acepten y se comprometan con la misión y los valores de la organización, que acabarán así permeando a su actividad diaria, sea la que sea: desde las labores administrativas hasta las informáticas pasando por las gerencias, direcciones o las tareas del becario en prácticas.

En suma, la comunicación interna nos ayuda, si la gestionamos adecuadamente —estratégicamente—, a lograr una mayor implicación del equipo en la actividad de la organización, facilitando la consecución de los objetivos de la misma y favoreciendo una imagen positiva de la empresa entre los trabajadores, lo cual, como hemos visto en el apartado 3 al hablar de los públicos, es tremendamente importante de cara al exterior.

¿Y qué es eso de gestionar la comunicación interna adecuadamente? ¿Cómo podemos lograr que sea una comunicación eficaz y que nos permita, por tanto, cumplir con los dos objetivos que hemos definido? Con un compromiso y una apuesta clara y decidida de la organización —de su directiva— por asegurar:

1. Los **canales** de comunicación adecuados (los veremos en el epígrafe siguiente).

2. La **transmisión transparente**, pues ha de generar confianza en los trabajadores, **y coherente de la información**, alineada con la identidad corporativa y con la comunicación externa.

3. Los **medios económicos** y, por tanto, las herramientas pertinentes, así como los **medios humanos necesarios** para llevarla a cabo.

¡Alerta! Jefe a la vista

"El que no esté contento con cómo hacemos las cosas, que se vaya"

He escuchado esta frase con algunos matices a dos "altos" directivos, altos en jerarquía, no en categoría como profesionales, de ahí las comillas. Textualmente se la escuché al director de un área de la empresa que consideraba que uno, como empleado, debe automotivarse solo y estar contento en su trabajo, independientemente de la actitud y la mala gestión de la empresa para/con sus trabajadores. No voy a entrar aquí, porque no es el lugar, a hablar de la motivación y el orgullo de pertenencia a fondo, pero igual que es evidente que uno tiene que tratar de trabajar en algo que le apasione, no lo es menos que la empresa tiene la responsabilidad de mantener los niveles de motivación y orgullo de sus equipos si realmente quiere ser exitosa. Hemos mencionado algo al respecto al hablar de la cultura corporativa y de nuevo profundizaremos en ello en el epígrafe 23.3.

En otra ocasión, fue la máxima responsable de recursos "humanos" —ahora le pongo comillas a este término porque aquellos eran en realidad inhumanos— quien decía que todo aquel que no esté de acuerdo con las decisiones de la empresa o su modo de actuar, debería estar fuera. ¡Hizo, sin duda, una buena limpieza de talento! Batió récords de despidos improcedentes de personas válidas y capaces, y de buenas personas, que no es menos importante, porque se habían hartado de los abusos de la empresa y le resultaban, por tanto, incómodas.

Un ejemplo más de que debes huir de las empresas con jefes a quienes los zapatos del cargo les quedan grandes y cuya altanería y orgullo les impiden reconocer sus errores, modificar su estrategia y gestionar bien a sus equipos. Este tipo de superiores no han comprendido lo importante que es la imagen de la compañía que se forman los profesionales que la integran, que puede influir notablemente en la reputación de cara al exterior, como ya se ha expuesto. A la larga, si un alto porcentaje de la plantilla está descontenta por la mala gestión, la buena imagen que puedan tener los públicos externos correrá peligro.

7.2 LOS CANALES DE COMUNICACIÓN INTERNA

En función a lo que hemos dicho hasta ahora sobre la comunicación interna, podemos pensar en un tipo de comunicación que se produce desde la directiva, vamos a decir desde arriba, siguiendo una lógica jerárquica, hacia los trabajadores, hacia abajo. Es decir, un flujo de comunicación descendente que le sirve a quienes llevan de algún modo las riendas de la organización para informar y persuadir, así como para contagiar el espíritu corporativo. Para hacerlo, la organización se puede valer de muy diversos canales de comunicación en función del tipo de información que quiera trasladar.

1. Por ejemplo, es común contar con un **manual de bienvenida** o manual de acogida, a través del cual le contemos a las nuevas incorporaciones a la plantilla todo lo que deben saber como punto de partida sobre la identidad de la organización.

2. La megafonía o los tablones de anuncios donde colocar cartelería siguen siendo habituales como **medios *off line*** en ciertas entidades, así como las revistas internas.

3. Atendiendo a los **canales *on line***, cada vez más habituales, se pueden utilizar los *emails* para realizar comunicados internos, la *intranet* de la compañía, el portal del empleado o una *newsletter* interna.

4. En el caso de **comunicaciones más personales**, que van dirigidas solo a algunos miembros de la plantilla, como pueden ser promociones internas, cambios en las condiciones contractuales, reestructuración de su área de trabajo, etc., se puede utilizar la carta, bien sea digital o impresa.

5. Pero también se puede recurrir a la **comunicación cara a cara**, bien sea a través de reuniones o eventos internos para la comunicación de novedades o modificaciones de convenio, así como sesiones de formación, días destacados conmemorativos en el calendario en los que queramos contagiar un compromiso de la organización, etc.

Ahora bien, si algo sabemos quienes nos dedicamos al mundo de la comunicación es que al otro lado hay alguien —un receptor— sin el cual el acto de comunicar no podría darse. Y ese alguien puede reaccionar (es deseable que lo haga, de hecho) a lo que comunicamos. Por lo tanto, la comunicación interna de una organización debe contemplar también una serie de canales para favorecer el *feedback* por parte de los trabajadores, es decir, una **comunicación ascendente**, desde "los de abajo" hacia "los de arriba".

Este tipo de comunicación debe, no solo facilitarse, sino también impulsarse, es decir, se debe animar a los trabajadores a comunicar sus opiniones, sus reacciones ante la información que están recibiendo o bien en relación a su situación en la empresa o posibles abusos por parte de los superiores o de otros compañeros, así como problemáticas de distinta índole que puedan afectar a la actividad diaria o a la salud, en su más amplia concepción, de los equipos.

Que los trabajadores pierdan ese miedo y se sientan capaces de comunicarse con las instancias superiores es responsabilidad también de la organización. Si "desde arriba" se comunica habitualmente con transparencia, no sesgando la información, se evitarán descontentos, rumores, tergiversaciones, etc. Y si, además de esto, se muestra una actitud colaborativa y abierta a recibir críticas u opiniones contrarias, los públicos internos serán grandes aliados y el *feedback* por su parte será, seguro, muy enriquecedor. Esta comunicación ascendente se puede producir también a través de canales distintos, siendo algunos de los más habituales, además de las reuniones personales, los siguientes:

1. **Encuestas** dirigidas a los trabajadores.

2. **Buzones de sugerencias** en las instalaciones.

3. **Canales de denuncias**, siempre confidenciales y con un adecuado plan de actuación.

4. **Redes sociales** como herramienta que facilita la comunicación con cualquier usuario, lo cual incluye, claro, a los trabajadores de la compañía.

En el día a día de nuestra actividad, y más allá de las dos fórmulas de comunicación interna expuestas —descendente y ascendente—, todos nos comunicamos con otros compañeros dentro de nuestro departamento o con compañeros de otras áreas, con nuestros responsables directos o con las personas que están bajo nuestra supervisión. Lógicamente esto es también, de manera literal, comunicación interna, aunque informal, y pese a que no se produce a través de los canales descritos y la organización no la controla y utiliza para lograr sus objetivos, esta comunicación extraoficial debe favorecerse ofreciendo los canales o herramientas necesarias para que sea eficaz, como los terminales y líneas telefónicas, los programas de mensajería instantánea y videoconferencias, los servidores de almacenamiento de archivos o, entre otras, los programas de trabajo colaborativo.

Esto, claro, no es responsabilidad del departamento de comunicación corporativa, pero sí que se debe proveer a todos los usuarios de estas herramientas de los elementos corporativos necesarios para dotarlas, también, de una imagen alineada con la identidad corporativa: fotos de perfil, fondos de pantalla, logotipos, etc. Lo único que la entidad puede hacer para evitar que este tipo de comunicación sea nociva es ejercer una actitud de colaboración, una cultura de *feedback* y apertura. Además de ser honesta y no ocultar información. De lo contrario, se expone a la aparición de interpretaciones de la información que no está completa, informaciones no confirmadas o contrastadas— rumores— motivadas, explica la profesora Mª Carmen Erviti, por la falta de información, la desmotivación, la inseguridad laboral o conflictos internos.

7.3   CÓMO PLANIFICAR LA COMUNICACIÓN INTERNA

Si hemos dicho que la comunicación interna es estratégica, estaremos de acuerdo en que no puede realizarse de un modo improvisado, desordenado y en función de las necesidades o urgencias de cada momento, sino que debe planificarse concienzudamente, siendo habitual que el plan de comunicación interna de una organización se realice de forma anual.

La finalidad de la comunicación interna no es —solo— favorecer un buen clima laboral, sino —sobre todo— la vivencia de unos valores compartidos

Lo primero que necesita un responsable de comunicación interna para ponerse a diseñar la estrategia es conocer muy bien la entidad en la que trabaja. Es decir, **tener una visión integral de la identidad corporativa** y todo lo que ésta abarca que ya hemos explicado: desde la visión, la misión o los valores de la organización, hasta su identidad visual, pasando por su historia o trayectoria y la actividad detallada que realiza, sus proyectos en marcha, sus planes de igualdad o promoción interna, planes de formación, etc. Información que debe conocer de manera detallada, recopilando —y actualizando periódicamente— datos como el número de personas que hay en plantilla y cómo esta está compuesta, por sexo, por edades, por nivel jerárquico…, el organigrama, la facturación y los beneficios del último año, etc. Pero también hay que analizar cuestiones más cualitativas que cuantitativas, como por ejemplo la satisfacción de los trabajadores o la imagen que tienen de la empresa, algo para lo que podemos recurrir a cuestionarios anónimos.

Una vez recopilados y analizados estos datos, habrá de valorar qué funciona bien y qué cuestiones son mejorables en la actual estrategia de comunicación interna para así poder **establecer los nuevos objetivos y las acciones** que se pretenden desarrollar para alcanzarlos. Estas acciones, que pueden ser a través de cualquiera de los canales descritos en el punto anterior, se pueden calendarizar, pudiendo fechar las que puedan preverse con suficiente antelación y estableciendo una periodicidad en las mismas para no saturar a los trabajadores con un exceso de mensajes[10].

---

10 Por ejemplo, puedo marcar desde inicios de año que el Día Mundial del Medioambiente y el Día Internacional de la Discapacidad voy a realizar una acción concreta, reservando esos días a esas acciones, y establecer, al mismo tiempo, que las comunicaciones internas serán, por lo general, y salvo esas fechas clave o urgencias informativas, los jueves a lo largo de la mañana. De esta forma, predispongo a los trabajadores a destinar unos minutos ese día de manera regular a las comunicaciones internas.

El responsable de comunicación interna deberá **establecer también los diferentes públicos internos** a los que dirigirá cada comunicación, ya que ciertas informaciones serán solo relevantes para la directiva, para los accionistas, para el equipo comercial o para los mandos intermedios, por ejemplo. Para acabar, como en cualquier estrategia a largo plazo será ideal contemplar una **evaluación constante** del grado de cumplimiento de los objetivos, lo que puede llevarnos a redefinir la estrategia, además de tener en cuenta que habrá, seguro, imprevistos que habrá que comunicar.

En resumen, podemos decir que las principales claves para ser un buen responsable de comunicación interna son (1) ser, como indica su cargo, especialista en comunicación, (2) tener una visión integral y actualizada de la identidad corporativa, (3) establecer objetivos y calendarizar las acciones, (4) segmentar a los diferentes públicos internos, (5) informar antes en interno de cuestiones que se comunicarán externamente y (6) evaluar constantemente el desarrollo de la estrategia y corregirla si es necesario.

8

LA COMUNICACIÓN EXTERNA

Si la comunicación interna era la dirigida a los públicos internos, parece obvio definir la comunicación externa como la que se dirige al resto, es decir, a los públicos externos, que ya sabemos que son múltiples. Desde el departamento de comunicación corporativa nos valemos de la comunicación externa como una herramienta para gestionar la identidad, multiplicar la notoriedad, construir la imagen y mejorar la reputación estrechando las relaciones entre nuestra organización y los diferentes públicos externos.

Desde su origen, y siguiendo con el desarrollo histórico que ya hemos analizado de la comunicación empresarial, la comunicación externa se ha centrado fundamentalmente en los medios de masas o *mass media*, los que todos conocemos como medios tradicionales: la prensa escrita, la radio y la televisión. El motivo es que estos medios siempre han sido muy importantes para alcanzar al público masivo —de ahí su nombre— a la mayor parte del público, y no podemos negar que siguen teniendo un gran peso en ese sentido, especialmente la televisión como medio que se cuela en la casa de todos, casi sin excepción.

Sin embargo, estamos inmersos en la era digital, y no solo estos medios han evolucionado en esta senda (diarios digitales que son ya multimedia, radios que pueden escucharse y verse *online*, televisión a la carta en internet, etc.), sino que además han nacido nuevos medios hasta hace unos años inimaginables, como las redes sociales, por ejemplo. Este cambio de paradigma en el ámbito de la comunicación es clave para la gestión de la misma desde las organizaciones, ya que ahora el público al que podemos llegar es mucho mayor con una menor inversión, pero es que, además, podemos elegir a qué públicos llegar para que nuestra comunicación sea más eficaz, incluso sin tener que recurrir a los *mass media*, lo cual ha abierto un enorme abanico de posibilidades.

Esto, sumado a la relevancia que ha tomado el concepto de marca, ha ampliado y profesionalizado los departamentos de comunicación de las organizaciones, ya que ahora se requiere un *expertise* concreto en herramientas y estrategias digitales, más allá de las propias habilidades de comunicación tradicionales o el conocimiento del mundo de los medios de comunicación.

PERFILES MÁS DESTACADOS DEL DEPARTAMENTO DE COMUNICACIÓN CORPORATIVA

Nos podemos encontrar con perfiles como por ejemplo los siguientes, entre los que no voy a incluir al responsable de comunicación interna, del que acabamos de hablar, o al Dircom porque ya hemos desgranado su papel en el epígrafe 2.2.:

1. Responsable de identidad corporativa o de marca. Este profesional, como indica su propia denominación, es el responsable de velar, cuando no crear, la propia identidad de la marca. Ya hemos visto todo lo que abarca el término *identidad* aplicado al ámbito corporativo. Por tanto, no solo crea o participa en la creación de nuevos logos, en la definición de los valores de la organización y su desarrollo o en la creación de su identidad verbal, sino que debe velar por la correcta implementación de la identidad corporativa en todos los soportes y en todos los casos, en interno y en externo, a nivel visual y verbal, asegurándose de que los valores y la visión definidas impregnen cada acción de comunicación o de marketing: presentaciones comerciales, catálogos, discursos, creatividades, etc.

2. Responsable de medios, *public relations*, relaciones públicas o jefe de prensa. Es el encargado de mantener la relación con los medios de comunicación, ejercer en muchos casos como portavoz, establecer la estrategia de contenidos que se van a difundir a los medios y el modo de hacerlo, hacer un seguimiento de los impactos de las informaciones vertidas a los medios, representar a la entidad en diferentes actos o, entre otras cosas, liderar la publicidad de masas: estrategia, campañas, contratación de soportes o espacios, etc. Si bien puede existir, especialmente en grandes compañías, un responsable de publicidad.

3. Responsable de redes sociales, *social media manager* o *community manager*. Aunque estas dos últimas posiciones podrían tener ciertas diferencias (se suele entender que el primero es un puesto más estratégico y el segundo más técnico), en líneas generales podemos decir que se trata de aquella persona especialista en la gestión estratégica de las redes sociales, especialmente de aquellas que sean más adecuadas para los objetivos y públicos de la organización. Es, así, quien desarrolla el calendario de publicaciones, genera el contenido y gestiona los perfiles de las redes, interactuando con los seguidores de las mismas. Puede encargarse también de la publicidad a través de las redes —*social ads*—, si bien en esto intervendría, claro, el departamento de publicidad si lo hubiese o, en todo caso, en línea con el responsable de medios.

4. *Copywriter* o responsable de contenidos, es decir, aquella persona que se encarga de la generación de textos —*copies*— atractivos para lograr los objetivos que la organización pretenda respecto a sus públicos: generar *engagement* —compromiso— con la marca, persuadir, lograr la venta de un producto o servicio, fidelizar, etc. Es decir, que puede elaborar desde el *copy* de una campaña publicitaria hasta los *post* del blog. En algunos casos incluso los de las redes sociales, o al menos validarlos, trabajando de la mano del responsable de redes. Su trabajo puede ser fundamental, por tanto, para el posicionamiento de la marca, y puede llegar a elaborar discursos o artículos para los medios de comunicación. De hecho, es común que este papel, el de *copywriter*, lo ejerza el responsable de medios o responsable de comunicación, una denominación, esta última, mucho más genérica que en ocasiones engloba a varios de estos perfiles en uno solo en organizaciones pequeñas o medianas.

5. Responsable de relaciones institucionales, que es quien define los objetivos a alcanzar con respecto a las instituciones públicas y privadas de interés para la organización y desarrollar con ellas programas de acción, proyectos, iniciativas o negociaciones. Es lo que se conoce como *lobbying* si nos ceñimos a las instituciones del ámbito público, lo cual entraña un conocimiento exhaustivo de la actividad política y una capacidad de influencia en la toma de decisiones de los responsables públicos.

Existen **otros perfiles** que intervienen en las labores de comunicación corporativa que normalmente se externalizan y se dejan en manos de especialistas externos o agencias, aunque en grandes corporaciones podrían tenerse en plantilla, como el de programador web, productor audiovisual, responsable de organización de eventos, diseñador gráfico o equipo creativo, entre otros. En entidades más pequeñas, algunos de los profesionales anteriormente explicados pueden ejercer algunas de estas funciones. Por ejemplo, es común que el responsable de redes sociales se encargue de elaborar creatividades para las redes haciendo un trabajo de diseño. Además, en el caso de aquellas empresas que tienen integradas las áreas de comunicación y marketing, nos encontraremos con otros perfiles con los que deberemos trabajar mano a mano, como el responsable de marketing digital, por ejemplo, un puesto que, debido al desarrollo de las nuevas tecnologías y a la importancia que tiene el entorno *online* para las empresas, es cada vez más valorado y adquiere cada vez mayor protagonismo y relevancia, y puede encargarse del posicionamiento SEO —en grandes empresas incluso nos encontramos a un responsable de SEO— y de otras cuestiones que no son solo imprescindibles para la estrategia de marketing, sino también de *branding*.

8.1   MEDIOS DE LA PROPIA COMPAÑÍA

En efecto, ya no es estrictamente necesario comunicar a través de los medios tradicionales, sino que cada organización puede contar con **sus propios altavoces o canales para estar en contacto con sus públicos.** Dentro de los medios de la propia compañía, vamos a explicar aquí la página web, el blog, las *newsletter*, las redes sociales, los documentos como revistas, memorias, dosieres o presentaciones y, para terminar, los vídeos como herramienta de comunicación audiovisual.

8.1.1   La página web

Me gusta definir a la web de una organización como su escaparate. Sí, tal vez porque es un elemento —el escaparate de las tiendas— al que yo he dado mucha importancia durante mis años trabajando en el mundo de la moda. Cuando caminamos por una calle comercial y nos detenemos ante el escaparate de un comercio, nos llevamos una primera impresión de lo que esa tienda —esa empresa, esa marca— nos puede ofrecer. No en vano, se trata de la zona del establecimiento más cuidada de todas. Todo en el escaparate está pensado para impresionar al público, para ofrecerle la mejor versión de las prendas —si se trata de un comercio de ropa— que allí podrá encontrar. Los elementos decorativos, la iluminación, los colores, la cartelería con los precios, el modo en que los maniquíes llevan colocada cada prenda, etc. Todo está pensado para convertir al peatón en potencial cliente, hacer que atraviese el umbral de la puerta, generar, en definitiva, el interés por todo lo que hay más allá de ese atractivo escaparate.

Del mismo modo, la página web ofrece una imagen de lo que es la organización, y esta debería ser la mejor imagen posible. Navegar por una web farragosa, donde no se encuentra la información que se está buscando, con imágenes de baja calidad, tecnicismos en exceso que la hagan incomprensible o faltas de ortografía nos puede hacer seguir navegando en busca de otra web —de otra marca, de otra empresa— más "atractiva". Es decir, la web es la primera fuente de información para la mayoría de los públicos cuando necesitan un servicio, un producto o simplemente contar con ciertos datos sobre alguna organización[11]. Por eso es tan importante lo siguiente:

1. **Que la web esté bien posicionada** en los buscadores para que la encontremos enseguida.

---

11   Es cierto que, cada vez más, buscamos a la marca que nos interesa en las redes sociales como primera toma de contacto, por eso se dice que si no estás en las redes, no existes. Pero, aún así, la web sigue siendo el primer y más importante punto de encuentro de una marca con sus públicos en el entorno *online*.

2. **Que el contenido que ofrezca la web sea útil** para nuestros públicos en ese momento, de ahí la relevancia de conocer bien sus necesidades y deseos, en lo que tanto hemos insistido ya, puesto que en esta era digital, exigimos respuestas inmediatas a nuestros deseos y, si no las encontramos, nos iremos a otro lugar a buscarlas.

3. **Que sea fácilmente navegable, accesible**, es decir, que los visitantes encuentren lo que buscan y no se pierdan al navegar por ella, especialmente aquellos que tengan especiales dificultades de comprensión[12].

4. **Qué visualmente sea atractiva**, cautivante, con una imagen alineada a los valores de la marca que serán compartidos por su *target*. Así, aseguramos también que se sienta cómodo y se quede navegando por ella.

Cuando hablamos de que la web debe estar bien posicionada, no nos referimos al concepto de posicionamiento como lo hemos venido definiendo hasta ahora, posicionamiento de la marca en la mente del público, en los *rankings* empresariales, etc., sino que el **posicionamiento web** tiene sus propias reglas: cuando navegamos por internet y en cualquier buscador escribimos el nombre de una marca, se nos presenta un listado de páginas en un orden concreto. ¿Qué es lo deseable? Que nuestra marca, cuando nos busquen, esté lógicamente en los primeros puestos, cuando no en el primero. Y lo menos deseable es que el visitante tenga que llegar hasta el final de la página y pasar a la siguiente porque no nos ha encontrado en la primera. Ese posicionamiento web en los resultados de búsqueda para facilitar la visibilidad ante nuestros públicos se puede lograr fundamentalmente a través de dos estrategias: el posicionamiento SEO y el posicionamiento SEM.

1. **Posicionamiento SEO** (*Search Engine Optimization*). Supone optimizar un sitio web para mejorar su posición en los resultados de los motores de búsqueda eligiendo las palabras clave o *keywords* más adecuadas, optimizando la estructura web —su usabilidad web— y su contenido. También pueden mejorar el posicionamiento SEO los enlaces a otras web y a las redes sociales.

2. **Posicionamiento SEM** (*Search Engine Marketing*). Se trata del posicionamiento de las campañas de anuncios de pago en buscadores. Es decir, que los anuncios de nuestra organización aparezcan en los primeros puestos de los motores de búsqueda.

---

12 La accesibilidad visual, auditiva o cognitiva es especialmente importante para muchas personas, como los ancianos, los extranjeros que no se manejan bien con el idioma o las personas con discapacidad intelectual. Por tanto, el término *accesible* aquí no lo incluyo solo como sinónimo de navegable, sino en toda su extensión y complejidad. Cuanto más accesible hagamos nuestra web, a más usuarios podremos llegar y mejor imagen lograremos al proyectar nuestro compromiso con la inclusión de todas las personas.

Por tanto, la principal diferencia entre el SEO y el SEM es que el primero es orgánico, posicionando de forma "natural" —gratuita— a la marca, mientras que el segundo supone el pago por el posicionamiento de campañas publicitarias orientadas fundamentalmente a la venta. Sin embargo, hay otras diferencias que resumo en la tabla 17.

	SEO	SEM
COSTE	Es orgánico, sin coste, excepto el pago, si es el caso, de la agencia que se encargue de realizar la optimización y el estudio de keywords	Coste variable, además de la agencia encargada de este posicionamiento, hay que sumar el Coste Por Visualización (CPV)
OBJETIVO	Branding, mejorar la confianza y la lealtad hacia la marca	Ventas, lograr convertir a los visitantes en clientes de los productos o servicios
RESULTADOS A	Medio / Largo plazo	Inmediato / Corto plazo
CONTENIDOS	Relevantes, de calidad, favoreciendo la confianza de los usuarios al no percibirlo como publicidad	Comerciales, lo cual genera una menor confianza entre los usuarios online
MEDICIÓN	Difícil de medir, siendo complejo ocupar los primeros puestos en buscadores en poco tiempo	Fácil de medir en base a los resultados de venta, siendo sencillo ocupar los primeros puestos en buscadores

Imagen 17. Principales diferencias entre el SEO y el SEM.

Pero además del posicionamiento, hay otros dos parámetros íntimamente relacionados entre sí que debemos analizar para saber si nuestra web está funcionando como deseamos. El primero de ellos es el **tráfico web**, que no se refiere solamente al número de usuarios que la visitan, sino a los datos que obtenemos de esas visitas: ¿Cómo han llegado hasta la web? Puede que hayan pulsado algún *link* externo, que hayan aterrizado en ella desde las redes sociales, desde campañas SEM, desde un buscador gracias al posicionamiento SEO, etc.; ¿Cuándo lo han hecho? Quizás tengamos activa, por ejemplo alguna campaña publicitaria durante unos días concretos y notemos un aumento de tráfico a la web desde ella; ¿En qué zonas de la web se han detenido más tiempo? ¿Cuáles son las menos visitadas? Quizás hay información en la página que interesa especialmente y otra, en cambio, que no despierta el interés de los usuarios, y esto nos puede llevar a plantear modificaciones en ella. En fin, se trata de analizar todos los datos que podamos obtener gracias a ese tráfico a través de herramientas como Google Analytics, seguramente la más destacada.

El otro concepto importante y que deriva del tráfico web es la **tasa de conversión** o, lo que es lo mismo, el número porcentual de visitantes a la web que finalmente acaban por convertirse en clientes o socios o que simplemente hacen aquello que esperábamos que hicieran. Imaginemos, por ejemplo, que tenemos activa una campaña informativa y la intención es que los visitantes se descarguen un documento concreto. Cuanto más alta sea la tasa de conversión, mejor, evidentemente. Queremos que los usuarios anónimos acaben por incorporarse a nuestra base de datos, pasen a ser personas con nombres y apellidos —a través de formularios, del contacto telefónico o por chat, por ejemplo— y a establecer una relación, del tipo que sea en cada caso, con nuestra organización.

Por lo tanto, podemos ver que la página web es, además de un escaparate que muestra al mundo lo que somos con nuestra mejor cara, una vía de entrada de clientes, por lo que a nivel de marketing es una herramienta muy potente y que nos permite analizar ciertos datos que en el entorno *offline* serían muy difíciles o incluso imposibles de medir. Y en base a esos posibles usos, funciones u objetivos que pretendamos para nuestra página, podemos establecer diferentes tipos de webs, básicamente cuatro, que son:

1. **Web corporativa**

   Este es por excelencia el modelo de página escaparate: un *site* que busca ofrecer información sobre la organización de forma estratégica, desde cuándo existe la marca, cuál es su misión, sus valores, su visión, sus localizaciones, su valor diferencial... y, si bien debe incluir siempre vías de contacto (mail, teléfono, formulario, dirección física, redes sociales, etc.), no pretende convertir a los usuarios, sino que traslada la identidad de la organización a través de textos, imágenes y vídeos, tipografías y colores corporativos y todos los elementos que hemos analizado en bloque II en relación a la marca.

   Me voy a detener en el caso de la web corporativa por ser seguramente la que más nos interesa a los profesionales de la comunicación corporativa. Estas webs, que pueden conocerse también como webs institucionales, son hoy en día un pilar de cualquier organización, ya sea una gran empresa multinacional o una pyme[13]. Por tanto, estas webs pueden adoptar formas muy diferentes en función del tipo de negocio y su tamaño, ya que además de las vías de contacto, podría incluir catálogos de productos o servicios, medios audiovisuales, como un vídeo corporativo, de testimonios o de declaraciones de la dirección, noticias

---

13 Incluso los autónomos o *freelance* crean una página para ofrecer sus servicios y darse a conocer, aunque en estos casos adopta la forma de una página personal o portafolio, que tiene unas características diferentes: tiene un gran peso la información curricular, los logros obtenidos, el modo de trabajar, etc. Y además primará uno u otro tipo de material (imágenes, vídeos, textos, etc.) en función del servicio que el profesional ofrezca.

relacionadas con la organización, etc. Lo importante es que esté correctamente expuesta la información y actualizada, para que los visitantes se lleven una imagen fidedigna de cómo es la marca y qué hace.

Es habitual, en grandes compañías especialmente, destinar una parte especial a los medios de comunicación que suele llamarse *prensa* para poner a su disposición información relevante para ellos, con los códigos propios del periodismo, y en ocasiones también un blog, una herramienta de la que hablaremos enseguida.

2. **Landing page**

Literalmente página de aterrizaje. Y eso ya nos da una pista de su objetivo principal: es un *site* creado para hacer que los usuarios lleguen allí, aterricen en ella, y conviertan. Por tanto, es imprescindible que exista un formulario donde puedan dejar sus datos, ya que pretendemos hacer algo con ellos, contactarles por teléfono o por correo. Por eso no deberían existir en ella puntos de fuga, es decir, opciones para que el usuario se marche a otra pestaña o a otro *site*. Es una sola página, no como la anterior, que puede disponer de diferentes páginas que la integran. Es común su uso en campañas que busquen atraer *leads*, por lo que podemos llegar a ellas clicando en un anuncio en redes sociales o a través de un código QR impreso en un cartel, *flyers* o un folleto, por ejemplo. Por lo tanto, no siempre es tan relevante el posicionamiento de la misma en buscadores, sino que se pueda acceder fácilmente a ella desde los lugares donde lo pretendamos.

3. **Microsite**

Podríamos decir que un *microsite* promocional está de algún modo a caballo entre los dos modelos anteriores, la página corporativa y la página de aterrizaje, ya que ofrece información sobre un producto, servicio, evento o campaña en concreto, normalmente con una duración limitada. Como la *landing*, en este caso también tiene una sola página, pero puede contener mucha más información ya que, insisto, es una página eminentemente informativa, pese a que pueda también pretender la conversión, como por ejemplo a la hora de dar a conocer promociones concretas a usuarios específicos. Tiene su URL propia, ligada, claro, a la web corporativa, y puede intentar posicionarse en buscadores para llegar a la cuota de mercado que le interesa, por lo que el SEO, el diseño —identitario de la marca— y la usabilidad son clave.

4. **E-commerce**

Literalmente significa comercio electrónico. Por lo tanto, hablamos en este caso de una página orientada a la comercialización directa de productos y/o servicios, a las compras en línea, de modo que o bien sustituya al comercio físico o bien conviva con él si tu empresa tiene también establecimientos de cara al público. Para ello, es necesario que lleve una plataforma de ventas integrada con pasarela de pago y que permita completar todo el proceso de venta: desde la facturación hasta el envío del producto, pasando por la gestión de los pedidos o la disponibilidad del *stock*. Esto no quiere decir, ni mucho menos, que no deba ser una página corporativa en cuanto a su contenido, ya que todo lo que contenga, como las imágenes de los productos o servicios, los textos que los describen, los catálogos descargables si los hubiera, los colores y el *look and feel* en general deben rezumar la identidad de la marca.

Pero además, y a diferencia del modelo anterior, en este caso entran en juego otras reglas de marketing, como el *pricing* o la necesidad, más si cabe que en una web corporativa, de que la usabilidad de la página facilite la navegación a los potenciales clientes para que el proceso de compra sea satisfactorio. Ni que decir tiene que el posicionamiento de este tipo de web en buscadores es esencial, así como contar con el catálogo de productos o servicios actualizado, ofrecer varias formas de pago y dejar claras las condiciones de compra, devoluciones, envío, etc.

LAS FAQ EN LA WEB

Seguro que en alguna ocasión has visto las siglas FAQ en una página web, que responden a *Frequently Asked Questions*, es decir, preguntas frecuentes. Se trata de un listado de preguntas que son comunes en el contexto de la organización para sus públicos —de nuevo es importante conocerlos— y que la organización responde dentro de la propia página web, a fin de facilitar el conocimiento de la marca o de su actividad entre los visitantes y resolver sus dudas sin necesidad de que tengan que contactarnos. De este modo, se agiliza el proceso y se mejora la experiencia del usuario. Las FAQ pueden ser un contenido estratégico para tu organización, por tanto te aconsejo que las estructures bien, organizadas por temas y con un buscador que facilite encontrar la que el usuario busca —a través de *keywords*— sin tener que leerlas todas, que utilices un lenguaje sencillo, el mismo que utilicen tus públicos, y que las mantengas actualizadas.

Además de estos cuatro tipos de página web, podemos encontrar otros que quizás no sean tan relevantes para nosotros como profesionales de la comunicación corporativa, por lo que no voy a entrar a detallarlos, como los *sites* de los medios de comunicación o los foros o *wikis* donde se conectan comunidades de profesionales. Pero sí que hay un último tipo destacable que vamos a desarrollar en el epígrafe siguiente por sus especiales peculiaridades y su relevancia para las organizaciones: los blogs.

8.1.2   El blog y la *newsletter*

El blog es ante todo un *site* que es muy fácil de usar y que **ofrece contenido de alto valor añadido para los públicos** de la organización. No necesariamente hablamos de empresas que se dirigen a sus clientes o potenciales clientes (podría ser una ONG, por ejemplo), pero si ese fuera el caso, el blog cobra una especial relevancia y se convierte en un pilar fundamental de su estrategia de marketing de contenidos en lo que llamamos *inbound* marketing, del que ya hemos hablado el epígrafe 4.1., logrando atraer a potenciales clientes y fidelizar a los actuales a través de contenido de calidad que le interesa.

Algunas de las más importantes ventajas que tiene para las organizaciones contar con un blog en su página web son:

1. **Contribuye a mejorar el posicionamiento** de la web corporativa en los motores de búsqueda de manera gratuita —recuerda: posicionamiento SEO— a través del uso de *keywords*.

2. **Facilita el alcance de más usuarios** dentro de nuestros públicos, lo cual a su vez puede favorecer la captación de nuevos clientes o socios.

3. **Permite a la organización interactuar con los visitantes**, lo cual se traduce en una mayor cercanía y confianza, ya que los usuarios pueden dejar sus *likes* o sus comentarios, a los que podemos —y debemos— responder. Pueden hacerlo en cada una de las entradas, a las que llamamos *posts*, que se ordenan cronológicamente y están categorizadas para facilitar su búsqueda.

4. **Permite aumentar la notoriedad de nuestra marca** y su reputación corporativa a largo plazo, convirtiéndose en una importante herramienta de *branding*.

5. **Ofrece la posibilidad de incluir contenido multimedia**, como imágenes o vídeos incrustados en los *post* para hacerlos más dinámicos o complementar la información.

6. **Nos da pie a hablar en un tono más cercano** sin abandonar, claro, la voz y el estilo de la empresa. De esta forma, estaremos promocionando nuestra marca al mismo tiempo que ofrecemos contenido interesante y de calidad para los públicos sin que parezca que estamos haciendo publicidad.

7. **Puede disparar nuestra visibilidad** si logramos que los usuarios compartan el contenido, por ejemplo, en sus redes sociales, viralizando alguno de los *post*.

8. **Es una herramienta también para generar tráfico**, ya que blog se aloja en la web corporativa, a la que se puede acceder desde él y contiene *links* a la *home* —página principal de la web— o a otras partes de la web que queramos potenciar. De hecho, está demostrado que las webs que cuentan con un blog reciben muchas más visitas, hasta un 60% más.

Imagen 18. Ventajas de contar con un blog corporativo

EL *LINKBUILDING* EN EL BLOG

Una de las estrategias más habituales es la del *linkbuilding*, es decir, la generación de enlaces, dentro de los *post* de tu blog corporativo, hacia dominios externos y viceversa: que otros te enlacen a ti. Esto mejora el posicionamiento SEO en los buscadores, por lo que cuantas más páginas tengamos *linkeadas* —eso sí, a sitios confiables y relevantes— y más páginas nos enlacen a nosotros, más posibilidades tendremos de que nos encuentren, aumentando la autoridad de nuestro blog. Es bueno también, para que los buscadores conozcan mejor la jerarquía de tu blog, que cuentes con enlaces internos, es decir, que en un *post* incluyas enlaces a otros *post* relacionados de tu mismo blog.

De lo que no cabe duda es de que un blog requiere tiempo y esfuerzo. Lo que va a hacer que con nuestro blog nos diferenciemos de la competencia va a ser que seamos capaces de plantear y desarrollar una potente estrategia de contenidos que dé respuesta a nuestros objetivos de *branding*, atrayendo lectores y aumentando el tráfico a la web, y también a los de marketing, logrando convertir a esos lectores en potenciales clientes —en *leads*— al dirigirlos a diferentes *landing pages* y finalmente en clientes a quienes deberemos fidelizar al hacerlos partícipes de la comunidad que creamos en torno a la marca, logrando que se suscriban a nuestra *newsletter*, por ejemplo, y se conviertan en embajadores de nuestra marca. Para lograr esa conversión y fidelización, debemos tener en cuenta los deseos de los públicos para ofrecerles contenido de calidad de forma regular y el proceso de compra en el que se encuentran, generando contenidos para las diferentes fases del embudo de conversión[14].

Viendo la importancia que puede tener el blog de la organización, parece evidente que es ideal realizar una adecuada estrategia, que podemos resumir en los siguientes <u>pasos a seguir</u>:

1. **Fijación de objetivos**

   ¿Qué pretendemos lograr? Seguramente, y si nos ceñimos exclusivamente al ámbito de la comunicación corporativa, queramos generar notoriedad de nuestra marca y tráfico a nuestra web, provocar el deseado *engagement* entre nuestros públicos y mejorar nuestro posicionamiento SEO. Pero también podemos hablar del lanzamiento de un nuevo producto o servicio, pretender atraer a nuevos clientes o alinearnos con algún objetivo concreto del departamento de Marketing.

---

14 El embudo de conversión o *funnel* de ventas establece los diferentes procesos por los que un usuario digital pasa hasta cumplir el objetivo que pretendamos, que puede ser "simplemente" que nos deje sus datos o bien que se convierta en cliente. Pensemos en un embudo: en su parte superior, la más grande, por donde el usuario "entra", lo que hacemos es atraer su atención en esa primera toma de contacto para captarlo como potencial cliente, y nos visita porque ha entendido que puede encontrar en nosotros una posible solución (una fase a la que llamamos TOFU, *Top Of The Funnel*, la parte de arriba del embudo); a la fase intermedia o MOFU (*Middle Of The Funnel*) se la conoce como fase de conversión, ya que es aquella en la que ayudamos al usuario a que realmente nos evalúe como una opción y se anime a dar el paso a convertirse; finalmente, la fase BOFU (*Base Of The Funnel*) es la inferior, la más estrecha del embudo y es aquella en la que ese visitante ya está listo, con toda la información que necesitaba, para pasar a convertirse en cliente y ser gestionado ya desde el área de ventas. No ahondo más en este interesante tema porque no es el fundamento de este libro, pero te animo a conocerlo más a fondo porque puede ser de gran ayuda si trabajas mano a mano con Marketing para el contenido que creas en el blog, las redes sociales, el *email* marketing, los vídeos, los *ebooks* o documentos descargables, etc.

2. **Análisis e investigación**

He venido repitiendo, quizás incluso de forma cansina, la importancia de conocer a nuestros públicos, pero no me voy a cansar de hacerlo: si queremos atraerlos, enamorarlos, debemos saber lo que quieren, lo que buscan, lo que necesitan. Por tanto, se hace necesario generar esos perfiles de cliente ideal — *buyer* persona— para poder crear el contenido que realmente les aporte valor, pero hay otras cuestiones que debemos investigar, como por ejemplo cuáles son las mejores redes sociales para compartir *a posteriori* el contenido de nuestro blog o cuáles son aquellas palabras clave o *keywords* que nos van a permitir el deseado posicionamiento SEO, para lo que se realiza un *keyword research* que el propio Google Ads, el gestor de anuncios de Google, te permite hacer.

3. **Planificación de contenidos**

Debemos decir cuál va a ser nuestro calendario editorial, es decir, qué temas vamos a tratar y con qué frecuencia publicaremos, además de elegir las categorías en las que se van a agrupar nuestros *post*, lo cual facilitará mucho a los lectores encontrar lo que están buscando. Te recomiendo que tengas muy en cuenta el embudo de conversión para poder planificar *posts* diferentes con contenido orientado a las distintas fases del mismo.

4. **Creación de contenido**

Aquí es muy importante tomar como punto de partida la identidad de la marca y tener a mano el manual para adecuar la línea editorial del blog a su misión, a su voz y su estilo. Escribiremos los *post* optimizados bajo criterios de redacción SEO y elaboraremos las infografías que queramos incluir, seleccionaremos las imágenes o produciremos los vídeos que queramos insertar también en nuestros *posts*. De nuevo, no olvides tener en cuenta las fases del embudo de conversión si es preciso en el caso de tu empresa en base a los objetivos marcados.

REDACCIÓN SEO

La redacción SEO es un modo de escribir tu contenido de forma optimizada para los motores de búsqueda, de modo que pueda posicionarse mejor. No solo debes tenerlo en cuenta en los textos de la web, sino también en cada *post* de tu blog corporativo, porque si generas un muy buen contenido, pero no aparece cuando tus públicos buscan información sobre ese tema, de poco va a servir. Por ello, te dejo aquí algunos trucos para que la redacción de tus *post* sea la mejor posible:

1. En cuanto al **inicio** de los textos, es importante que redactes una introducción llamativa que invite al lector a seguir leyendo y que contenga la *keyword* principal.

2. Los **encabezados** son también muy importantes: asegúrate de dividir el texto en diferentes partes encabezadas por un título y que en esos titulares también aparezcan diferentes *keywords*, la principal en el primero de ellos a ser posible y, en el resto, otras relacionadas. Puedes apostar por las llamadas *long tails* que son aquellas *keywords* que contienen más de una palabra y que son menos frecuentes en las búsquedas y, por tanto, más fáciles de posicionar.

3. Otro lugar donde debería aparecer la *keyword* principal es en la **URL**, a fin de hacerla más amigable.

4. Como decíamos al hablar de la estrategia, es importante **categorizar y etiquetar** tus *post* en función de su temática o del tipo de contenido.

5. Ya te he hablado del ***link building***, pues bien, es aconsejable que el *post* incluya varios enlaces internos a otras partes del blog, de la web y uno externo que tenga autoridad. Así, no solo haremos que los motores de búsqueda nos posicionen mejor, sino que estaremos ofreciendo a los lectores una información más completa, de más valor.

6. El ***meta title***, que no es otra cosa que el título que aparecerá en el motor de búsqueda para acceder a tu contenido al hacer clic sobre él, debe contener también la *keyword* principal. Así mismo, la ***meta* descripción**, es decir, el breve resumen que aparece bajo el *meta title* en el buscador y que da una información extra sobre el contenido, debes redactarla también del modo más atractivo y clarificador posible.

7. Debes indicar al motor de búsqueda que indexe tu contenido, ya que de lo contrario será invisible y no logrará posicionarse. **Indexarlo** significa, en lenguaje coloquial, que pase a formar parte de la base de datos del buscador.

8. Además de las imágenes, el uso de **vídeos e infografías** puede ayudar a que los usuarios se queden más tiempo visitando el *post* y a que se decidan a compartirlo por resultar un contenido más completo y atractivo.

5. Publicación del contenido

Es muy útil y eficiente poder programar tus *post* para que se publiquen en el día y hora que decidas. Esto, ya que tienes un calendario previo con la planificación, te permitirá asegurar que mantienes la frecuencia de publicaciones deseada, generando varios *post* incluso seguidos y programándolos para diferentes días. En este caso, optimiza tu tiempo y tu tarea como prefieras, pero a mí me resulta de gran ayuda ponerme a escribir y redactar más de un *post* cuando estoy inspirado. Además de esto, piensa en los mejores días y horarios también para compartir las publicaciones en las redes sociales, teniendo en cuenta sus públicos y sus especiales características, de lo que hablaremos en próximas páginas.

6. **Interactúa con los visitantes**

No te olvides de que esta es una gran ventaja de tu blog: quienes lo visitan pueden dejar comentarios —públicos o privados, como tú decidas— y es muy positivo que agradezcas su interacción y generes debate en torno a ciertos temas que hayan causado o puedan suscitar un especial interés. Animándoles a compartirlo en sus redes sociales, por ejemplo, podremos lograr que algunos de los contenidos se viralicen.

7. **Analiza para replantear**

Ya he citado a Google Analytics, una herramienta estupenda para poder medir el alcance que está teniendo el contenido de tu blog, qué temas funcionan mejor, cuáles generan mayor número de interacciones, etc. Monitorizar estos y otros aspectos relacionados con el tráfico y la conversión nos permitirá potenciar aquello que ha funcionado bien y replantearnos los fallos que hayamos podido tener o dejar de generar cierto contenido que no funciona en favor de otro.

CLAVES DE UN BUEN CONTENIDO PARA UN BLOG

Te dejo cinco claves o ingredientes que debe tener un buen contenido para tu blog corporativo:

1. **Calidad:** Debe ser fácilmente comprensible, sin excesivos tecnicismos ni faltas de ortografía.

2. **Valor:** Debe destilar profesionalidad y especialización, mostrar a la entidad como experta.

3. **Relevancia:** No solo debe ser de interés para los públicos, sino diferencial, creativo.

4. **Fiabilidad:** Que además de ser riguroso y confiable, sea duradero en el tiempo.

5. **Oportunidad:** Teniendo en cuenta el perfil y el momento en que están los públicos.

¡Alerta! Jefe a la vista

"Ahora todo el mundo tiene un blog, no sirve de nada.
¿Por qué no dejamos de publicar? Requiere demasiado tiempo y trabajo"

Una vez más, la incompetencia o desconocimiento del jefe, que viene a ser lo mismo, puede dejarnos con los ojos como platos ante afirmaciones como esta (real y textual). Al hablar de la figura del líder, decíamos que reconocer que no lo sabe todo es un buen síntoma, no es malo, y en ese caso es fabuloso hacer partícipe a tu equipo y dar voz a los expertos en ciertas materias para que te solventen las dudas que puedas tener. Ahora bien, este tipo de sentencias son ciertamente sangrantes, pues como venimos viendo, una entidad que se decide a abrir un blog está generando un valor añadido inmenso para sus públicos, una fuente de información y conocimiento que la posiciona como experta en su sector y que puede atraer muchísimo *engagement* y potenciales clientes. En definitiva, que puede hacer crecer a la empresa más de lo que imagina ese jefe.

Es muy común que el contenido del blog sea el que conforme, al menos de forma mayoritaria, la *newsletter* corporativa. ¿Pero qué es eso de la *newsletter*? Ni más ni menos que un **boletín informativo que se hace llegar por correo electrónico a quienes se hayan suscrito a ella para estar al día de las novedades de la organización.** Es decir, que hemos logrado contar con los datos, fundamentalmente la dirección de correo, de parte de nuestro público, personas predispuestas a que entremos en contacto con ellas de forma habitual, ¡y eso hay que aprovecharlo bien! En este mundo en el que no queremos que nadie nos invada, nos llame o nos escriba cuando no lo esperamos, contar con un listado de suscriptores debe empujarte a mimarlos muy bien y ser muy cuidadoso con lo que les envías. Si no les cuidas, se darán de baja.

Enviarles los últimos *post* del blog de manera semanal o mensual, por ejemplo —puede ser trimestral o bimensual, depende de la frecuencia de publicación y de tu estrategia— tiene diferentes ventajas: una de ellas es que no tienes que preocuparte en generar contenido específico para la *newsletter*, ya lo tienes creado; otra es que estás logrando dar una mayor difusión a todo el contenido que publicas en el blog; y una más es que puedes programar su envío de un modo mucho más sencillo, en función del CRM que utilices, pero conformando el cuerpo de la *newsletter* con una previsualización de los *post* ya publicados.

Claro que también puedes agregar otro contenido diferente o incluso tener una *newsletter* sin necesidad de tener un blog. En todo caso, lo importante es que envíes siempre contenido relacionado con tu marca y sus productos o servicios, promociones, nuevos lanzamientos, etc. Y que lo hagas de un modo sencillo, breve, que no aburra y haga que abandonen la lectura enseguida, evitando ser demasiado agresivo tratando de lograr una venta, por ejemplo, y más bien favoreciendo una relación de confianza y cercanía, personalizando el mensaje con su nombre en el encabezado —recuerda que tenemos los datos de cada uno de ellos— y favoreciendo el tráfico a la web o al blog.

8.1.3   Las redes sociales

Terreno pantanoso en el que ahora vamos a entrar, ya que es difícil conocer hoy en día a alguien que no tenga abierto un perfil en alguna red social y esto nos puede llevar a pensar que cualquiera puede manejar las redes sociales de nuestra organización. Nada más lejos de la realidad. La persona elegida —el *community manager* o *social media manager*— va a ser mucho más que aquel que entra en las redes y publica información sobre la empresa de vez en cuando: se trata del experto del equipo responsable de servir de **nexo entre la organización y una gran masa social** que nos va a conocer y con la que vamos a interactuar a través de las redes.

Es, por tanto, quien debe crear y dinamizar el contenido que se publica, generar debate y responder a quienes nos escriban a través de las redes. Y no olvidemos que con quien están hablando esos públicos no es con María o Pedro, sino con la organización, por lo que el *community* es de algún modo portavoz, imagen, representante de la identidad de la maca que, con su trabajo, está contribuyendo a consolidar la mejor imagen posible de la organización en el entorno digital.

Además, es el responsable de trasladar a su superior aquello que los usuarios de las redes dicen, opinan o solicitan a la organización, sirviendo de catalizador de una parte importante de la opinión pública que se deberá tener muy en cuenta en la estrategia de comunicación a seguir. Y algo tremendamente importante: ya sabemos que no podemos gustarle a todo el mundo, y es muy probable que, amparados en el anonimato o tras la pantalla de su móvil, algunos usuarios decidan realizar un comentario negativo o una crítica del todo desproporcionada o irrespetuosa. Ahí es donde el *community manager* debe sacar a relucir su talante y cortesía y apropiarse de los valores de la marca para **responder y ofrecer soluciones**, ya que esos comentarios, quizás más que el resto, deben ser atendidos y se deben tratar de reconducir hacia un tono positivo y conciliador.

Hay diferentes redes sociales (cada vez más), unas orientadas a un público más generalista, otras más enfocadas a profesionales, por ejemplo, o a personas más jóvenes, a públicos con ciertas aficiones o intereses. Por eso es importante analizarlas y elegir aquellas en las que preferimos tener presencia como organización; aquellas que estén más alineadas con nuestros objetivos. Por ejemplo, una de las más conocidas es Facebook, ideal para llegar a muchos usuarios, entablar conversaciones y conocer mejor a nuestro públicos; LinkedIn, por su lado, es una red en la que podemos encontrar a las personas identificadas a través de su trayectoria laboral y su puesto en su organización, lo cual es ideal para el *networking* y nos puede permitir llegar a sectores concretos o cargos determinados más fácilmente; Instagram, cada vez más popular, se basa en la imagen y el vídeo corto y nos permite llegar a un público más joven de un modo muy directo; aunque si pensamos en la inmediatez y la concreción de los mensajes, ahí la que reina es Twitter; otras, como TikTok, empiezan también a colarse, pese a su origen más lúdico, en el entorno corporativo y, con una buena estrategia, pueden ser muy útiles para llegar a ciertos segmentos del público.

Sí, así es, **la gestión de las redes sociales requiere de estrategia**. Estamos hablando desde el principio de este libro de lo importante que resulta hacer un uso cada vez más estratégico de la comunicación corporativa, y si hablamos de las redes como uno de los medios de los que la propia compañía puede disponer y que tiene un enorme alcance, se hace imprescindible establecer un plan de redes anual con las grandes líneas de actuación y los objetivos a seguir, teniendo en cuenta días especiales y campañas ya planificadas, con margen para la planificación mensual e incluso semanal en base a las noticias más actuales, nuevos lanzamientos, novedades, etc. Y, como no, cuidando la imagen y alineando cada comunicación, textos, vídeos, imágenes, infografías, a la identidad corporativa de la marca.

Esa estrategia debe contemplar también un análisis de resultados, es decir, una evaluación de las interacciones que estamos obteniendo a nivel cuantitativo: *likes*, comentarios, mensajes privados, visualizaciones de vídeos, *clics* en *post* del blog en otros *links* compartidos, etc., pero también a nivel cualitativo: qué tipo de información nos están facilitando los usuarios o cuál es el prototipo de seguidores o *followers* que tenemos, incluyendo su procedencia, sus gustos, su lenguaje, etc. En definitiva, debemos trazar una estrategia que no se olvide de ninguno de estos pasos a seguir:

1. **Planificación**

   Antes de nada, comienza decidiendo cuál es el *target* o los públicos objetivo a los que quieres llegar y, en base a ello, elige las redes en las que tu marca va a tener presencia y crea los perfiles en ellas. Define una serie de objetivos a alcanzar a lo largo del año, unas pautas de tipo de contenido y unos parámetros concretos para medir los resultados, los que más interesen en función a los objetivos definidos. Quiero detenerme en este primer punto porque me parece fundamental: desgraciadamente, es demasiado habitual encontrarse con desorganización e improvisación en muchas organizaciones a la hora de publicar en las redes sociales y es muy importante evitar esto a través de un calendario editorial de redes sociales que nos permita establecer, para las próximas semanas e incluso meses, el tipo contenido que vamos a publicar, en qué redes sociales publicaremos cada uno de ellos, sus *copies*, las imágenes, vídeos, infografías y recursos en general que incluiremos, el objetivo concreto de cada contenido, la fecha, incluso la hora de publicación etc.

PRINCIPALES VENTAJAS DEL CALENDARIO EDITORIAL
PARA REDES SOCIALES

1. **Optimización de tu tiempo:** Vas a dedicarle tiempo a este calendario, sí, pero lo bueno es que esa organización y planificación después, en el día a día, hará que el tiempo que destines a publicar en redes será mucho menor, ya que tendrás todo el contenido previsto, creado con anterioridad, incluso programándolo para que se publique "solo".

2. **Mayor facilidad para el reporte:** Ya debas justificar los resultados y gestión de las redes sociales ante tu superior o ante alguna organización con la que colabores, el calendario editorial será tu aliado, ya que te permitirá contar con un registro de todo lo publicado que incluso te puede servir de referencia para meses o años posteriores.

3. **Publicación de más y mejor contenido:** No solo vas a poder publicar más contenido, ya que al tenerlo planificado no tendrás que pensar cada día en contenido nuevo y el tiempo y otras obligaciones podrían impedirte hacerlo, sino que, además, será un contenido mucho más elaborado que permitirá, de forma más eficiente, cumplir con los objetivos de las estrategias de marketing y comunicación.

2. **Analiza y escucha a los públicos**

Si hay una herramienta o un canal de comunicación que te va a permitir contar con un *feedback* directo y diario de tu audiencia son las redes sociales. Por tanto, no desperdicies esta enorme oportunidad para detectar lo que dicen sobre tu organización y quiénes son los que opinan. Las redes te van a aportar mucha información sobre tus públicos: a qué se dedican, qué edad tienen, dónde viven, cuál es su género, sus aficiones, sus intereses principales, etc. Unos datos que pueden ser de mucha utilidad para la estrategia de redes, sin duda. Por eso te recomiendo definir a uno o varios *buyer* persona en este sentido que aglutinen sus intereses, edad, género, nivel socioeconómico, el lugar geográfico donde residen, su comportamiento digital, etc., datos que Google Analytics y las propias plataformas de cada red social nos pueden facilitar. Esta estrategia, que hemos visto que es muy útil en otras áreas, lo es también para detectar si el perfil de seguidor de nuestras redes encaja con el *target* que la organización tiene definido como ideal. Conoce bien a tus públicos y segméntalos para encontrar aquellos realmente interesados en lo que ofreces.

3. Publica contenido regularmente

Si no quieres que los seguidores huyan, es más, si quieres que sigan sumándose otros nuevos, no puedes descuidar la generación de contenido en las redes, en línea con la identidad de la marca, claro. Busca el equilibrio descubriendo cuáles son los mejores días y horas para publicar en una u otra red en función del tipo de *target*, pero no lo dejes de hacer: no dejes de generar informaciones relevantes y contar historias inspiradoras (¿te acuerdas de la importancia del *storytelling* que señalamos en el epígrafe 4.2.2? Hablaremos de ello de nuevo al abordar la importancia de la neurociencia en nuestro trabajo,) hacerte eco de noticias relevantes en relación a tu actividad o a tu propia organización, promocionar y anunciar eventos, hacer preguntas, organizar sorteos, etc.

4. Genera *engagement* y relaciones cercanas

Genera contenido que tanto visualmente como a través de las palabras cautive a los usuarios. Gracias al conocimiento que hayas adquirido sobre tus seguidores y a lo interesante que sea el contenido que publiques, lograrás generar un compromiso o *engagement* cada vez mayor. Hazles partícipes, utiliza etiquetas y *hashtags*, invítalos a compartir contenido, a sumarse a una encuesta, a participar en los sorteos. Hazles sentir que son parte de tu comunidad, de la comunidad de la marca y responde cuanto antes a sus comentarios y mensajes, a sus peticiones o quejas, y también a sus felicitaciones, claro, siempre con un tono conciliador y de agradecimiento. En definitiva, se trata de hacer una gestión de la imagen y la reputación de la organización en las redes sociales, alentando a compartir reseñas positivas.

5. Analiza los resultados

En base a las métricas que se hayan establecido previamente como las más interesantes para analizar, replantea la estrategia si ves que los datos no son los esperados, detectando los puntos de mejora, y repite el tipo de contenido o de interacción que hayan resultado más exitosos. Herramientas como Google Analytics o las que ofrecen las propias redes, como Facebook, te pueden ayudar en esta tarea. Incorpora tácticas o tendencias que les están funcionando a otros en tu sector. Recuerda que no es nada malo copiar aquello que funciona, sino al contrario.

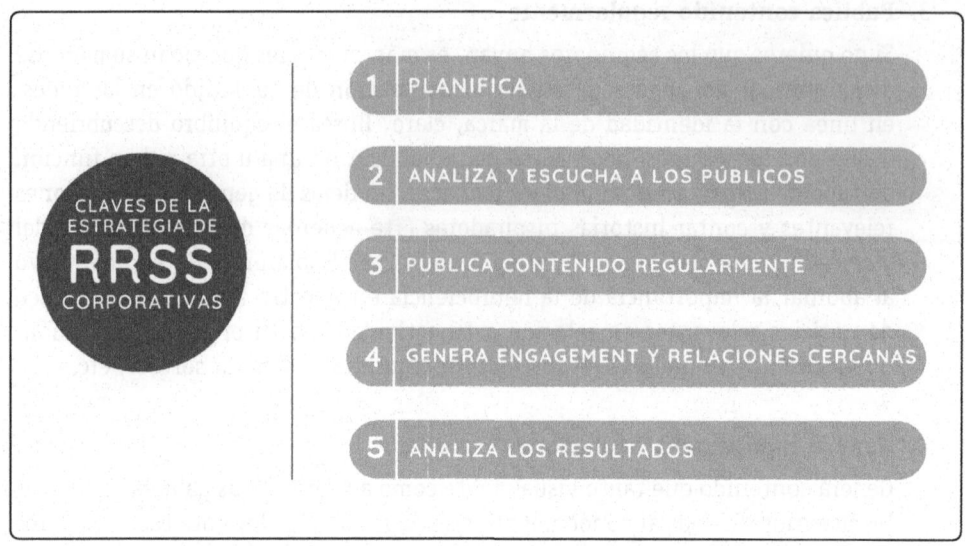

CLAVES DE LA ESTRATEGIA DE **RRSS** CORPORATIVAS

1 | PLANIFICA

2 | ANALIZA Y ESCUCHA A LOS PÚBLICOS

3 | PUBLICA CONTENIDO REGULARMENTE

4 | GENERA ENGAGEMENT Y RELACIONES CERCANAS

5 | ANALIZA LOS RESULTADOS

Imagen 19. Pasos fundamentales a seguir en la estrategia de redes sociales.

No quiero terminar este epígrafe, el de la gestión de redes sociales, sin facilitarte algunos *tips* a la hora de elaborar en 10 pasos el calendario editorial del que hemos hablado, clave para la planificación del contenido de tus redes:

1. **Analiza tus redes actuales:** ¿en qué redes tiene creados perfiles la organización? ¿Cuál de ellas y qué tipo de contenido reporta mejores resultados? ¿Qué alcance tiene cada red? ¿El tono de las publicaciones y su imagen está alineado con la identidad corporativa? ¿Con qué frecuencia se publica? ¿Los resultados se están midiendo correctamente?

2. **Analiza las redes de la competencia:** ¿cuantitativamente nuestras redes sociales están mejor posicionadas que las de la competencia? ¿Y cualitativamente? ¿Nuestro contenido es y funciona de forma similar, mejor o peor que el suyo? ¿Hay algo que hagamos mejor que ellos para potenciarlo? ¿Y algo que hagan ellos mejor para poder tomarlo como referencia de buenas prácticas?

3. **Establece los objetivos:** si hemos dicho que cada *post*, cada contenido, debe tener un objetivo, debemos establecer un listado con diferentes tipos de objetivos que serán los que iremos aplicando a cada contenido, por ejemplo: visibilidad, *engagement*, conversión, fidelización, etc.

4. **Marca los días destacados:** es muy importante tener en cuenta que a lo largo del año existen fechas destacadas en el calendario, tanto a nivel social como para la propia organización, en los que tendremos que generar un contenido

específico. Tendrás que elegir aquellos que más interesan a la organización y, por tanto, a los seguidores de las redes, más allá de las fechas de interés común a cualquier entidad, como las festividades de Navidad y Año Nuevo, Reyes u otras cada vez más celebradas globalmente, como San Valentín o Halloween. Pero piensa también, en función de la misión de tu organización, en días relacionados con los derechos de grupos de personas vulnerables, de la protección del medioambiente o de la salud, así como fechas límite para ciertos procedimientos, por citar campos relevantes en los que existen diferentes días destacados: Día Internacional de la Discapacidad, Día de la Mujer, Día del Agua, Día de la Esclerosis Múltiple, Día Internacional de la lucha contra el VIH, fecha límite para presentar la Declaración de la Renta, etc. Todos los días del año es el día de algo, incluso de varias cosas en una misma jornada. Busca aquellas fechas relevantes para tus objetivos.

5. **Definición de temáticas:** como hemos hecho con los objetivos, es aconsejable crear un listado de temáticas que sean atractivas para nuestros seguidores y relacionadas con nuestra organización y su actividad, teniendo en cuenta también las tendencias actuales y el contenido de la competencia que ya habremos estudiado.

6. **Definición de tipo de contenido:** lo mismo sucede con el tipo de contenido que vamos a publicar. Es necesario establecer, en relación con los objetivos que pretendemos alcanzar, diferentes tipos de contenido, como pueden ser casos de éxito, entrevistas, encuestas, sorteos, *post* del blog, colaboraciones, promociones, tutoriales, retransmisiones en directo, etc.

7. **Definición de formatos:** de nuevo, lo ideal es establecer un listado predeterminado de formatos que apliquemos después a los *posts* y cuya elección de uno u otro dependerá, no solo del tema a tratar, sino de la red social (en unas funcionan mejor los vídeos, en otras las imágenes, etc.) y del punto anterior, es decir, del tipo de contenido. Pensemos en textos simplemente o en textos acompañados de imágenes, vídeos, infografías, *gifts*, carruseles de imágenes, etc.

8. **Fecha y hora de cada publicación:** los contenidos no solo se deben publicar de forma frecuente, habitual, como ya se ha dicho, sino que, además, se deben publicar en el mejor momento de la semana y a la mejor hora del día. Sabrás cuáles son esos momentos a medida que analices cómo funcionan las publicaciones previas y cómo los seguidores reaccionan a ellas. Así, conocerás qué días no consultan mucho las redes o a qué horas se conectan más. Al menos deberías tener previstos los contenidos con una semana de antelación, y podrás encargarte de publicarlas "manualmente" o programarlas a través de un CRM o de la propia plataforma de alguna red social.

9. **Adecuación a la identidad corporativa:** en este caso no hay mucho lugar a la creación de nuevos códigos, ya que debemos ceñirnos a la identidad marcada por el manual de nuestra organización, tanto a nivel visual como verbal. Es importante que todo el contenido —textos e imágenes, vídeos o infografías— respiren el aire corporativo a fin de asegurar que los valores de la organización están presentes y que transmitiremos, así, lo que realmente queremos transmitir. De un solo vistazo, y más allá de la identificación del logo, se debe apreciar que se trata de las redes de nuestra marca y no de otra.

10. **Diseño del documento del calendario:** finalmente, habrá que ordenar todos estos elementos en un documento adecuado (un Excel o similar es buena opción), que debe ser una herramienta útil de trabajo, fácil de manejar, de interpretar y de completar regularmente, adaptado a las necesidades de tu trabajo en función de la idiosincrasia de tu organización y de tu estrategia de social media. Puedes, por ejemplo, añadir otros campos además de los definidos aquí, como uno para *hashtags* o etiquetas o bien para el *link* que vas a incluir en la publicación, si es el caso. ¡Hazlo a tu medida!

8.1.4 Revistas, memorias, dosieres y presentaciones

Si bien es cierto que el papel cada vez se utiliza menos para producir elementos corporativos y que muchas empresas ya han sufrido una transformación digital, sino total, parcial, siguen produciéndose elementos como memorias, dosieres o incluso revistas, bien sea aún de tirada en papel o en formato digital. Esto último abre un nuevo mundo de posibilidades que nos lleva a elaborar documentos interactivos, más completos, más visuales, con movimiento, vídeos incrustados, etc. ¡Todo un nuevo territorio por explorar!

Las **revistas corporativas** pueden ir dirigidas tanto a los públicos internos como a los externos, fundamentalmente a clientes o potenciales clientes, socios o proveedores, y son una fórmula para generar contenidos relacionados con el *core business* de la organización y su sector, aportando un valor añadido a los públicos. Y si a algo nos suena esto es al blog, elemento digital del que ya hemos hablado. La revista corporativa viene a ser algo similar pero con otro formato, por lo que es clave decidir el medio de distribución: si es digital, por ejemplo, podemos enviarla a través de email, y si es física, podría dejarse en puntos concretos para que los públicos las cojan (en una recepción, por ejemplo), enviarla por correo postal, entregarla en mano, etc.

Este elemento de comunicación, que tiene una periodicidad concreta, sea mensual, trimestral, semestral, etc., nos ayuda, entre otras cosas, a (1) posicionar a la organización en su sector como entidad representativa, diferencial, destacada, experta; (2) generar un mayor compromiso con la marca por parte de los clientes y fidelizarlos; y (3) fortalecer sus relaciones públicas en relación con sus públicos. No podemos olvidarnos de que una revista es un elemento periodístico, por lo que es importante dotarla de ese carácter, siguiendo las pautas que marca la profesión para los diferentes géneros periodísticos que pueda incluir y volcando en ella información veraz y honesta sobre el negocio o el sector.

Esos géneros van a variar también en función del tipo de contenido elegido. Igual que en el caso del blog, es muy importante diseñar una estrategia de contenidos, que pueden ir desde los puramente informativos hasta los artículos o columnas de opinión, pasando por entrevistas a directivos, *influencers* del sector o colaboradores de la organización, reportajes más extensos sobre temas en los que merezca la pena profundizar por su carácter de actualidad o de relación con la misión de la compañía, crónicas sobre eventos, etc.

Las **memorias o informes**, por su parte, son documentos muy importantes para una organización y, si bien las revistas son un elemento menos extendido y muchas han desaparecido tal y como las conocíamos antes tras el desarrollo de las nuevas tecnologías y los blogs, las memorias no lo han hecho, sino más bien al contrario, aunque también en muchos casos hayan adoptado formatos virtuales. Este tipo de documentos le sirven a la organización para rendir cuentas ante sus *stakeholders* y hacer un balance de los resultados que ha obtenido, normalmente a lo largo de un año completo. En muchos casos se trata de memorias de actividad globales de toda la organización o de proyectos realizados o en activo, pero también nos encontramos con memorias financieras exclusivamente, memorias de sostenibilidad o de Responsabilidad Social Corporativa y en definitiva de cualquier actividad que la organización realice y quiera justificar o exponer a sus públicos.

Por lo tanto, la elaboración de una memoria anual es un ejercicio de transparencia para la organización que puede repercutir muy positivamente en su imagen y reputación. Requiere un concienzudo trabajo que no solo va a ocupar a profesionales del área de comunicación corporativa, sino de otros departamentos, que tendrán que facilitar datos para la elaboración del contenido, gráficas o prestarse para la toma de fotografías, por ejemplo, a fin de ilustrar el documento. Una vez recopilada toda la información, se le debe dar forma y orden, unidad y carácter corporativo. Un trabajo, insisto, laborioso que en ocasiones puede requerir el apoyo de la agencia creativa o de comunicación con la que trabajemos.

A fin de cuentas, la memoria es un elemento de comunicación muy valioso que, tras ese esfuerzo en su elaboración, va a permitir a la organización utilizarlo como estandarte, como carta de presentación, colgándolo en la web, compartiéndolo en las redes sociales, enviándoselo a los diferentes públicos que puedan estar interesados, etc., por lo que debe intentarse tenerla lista cerca del cierre del ejercicio, no muchos meses después, encontrar el formato más adecuado para su distribución y cuidar muy mucho su imagen, diseño y maquetación, con potentes imágenes de calidad, que, pese a rezumar el carácter identitario de la marca, puede tener un plus de creatividad en contraposición a los documentos y plantillas de uso cotidiano.

El tercer documento que quiero destacar es el de los **dosieres corporativos**, un elemento más polivalente, ya que, en función del objetivo y del *target* al que vayan destinados, podemos encontrarnos multitud de ejemplos: catálogos comerciales donde ofrezcamos los servicios para mostrarlos desde el equipo de ventas, dosieres de proyectos activos patrocinables, el dosier de prensa, que expondremos en detalle cuando hablemos de la relación con los medios de comunicación —epígrafe 12.3.5.—, etc. Por tanto, habrá que hacer una lluvia de ideas y proponer varias opciones creativas para cada elemento en base al contenido y los objetivos, al público o al formato en que se vaya a entregar.

Eso sí, en el caso de dosieres recurrentes, por ejemplo de justificación de proyectos o informes de un área determinada, lo mejor es facilitar a esas áreas una serie de plantillas corporativas que cumplan con la identidad de la marca y que aseguren, así, una buena presencia y una adecuación a los valores de la organización. Los departamentos pertinentes te lo agradecerán, y también tú, ya que de lo contrario, habrán de facilitarte el dosier que hayan realizado "a su manera" para su maquetación y en ocasiones eso puede llevar mucho más trabajo, teniendo que comenzar a maquetarlo de cero.

Finalmente, en cuanto a las **presentaciones corporativas**, mi consejo es contar con un par de presentaciones generales de toda la organización, una de ellas más extensa y otra reducida con la información más destacada y fundamental, a fin de que puedan servir, una u otra, en función de la ocasión. Incluso se puede contar con versiones en varios idiomas si la organización lo requiere por sus tipos de públicos. Se trata de documentos que transmiten la identidad de la empresa y sus servicios para darla a conocer de una forma visual y atractiva. Por tanto, sería bueno que incluyesen una descripción de la organización, destacando su valor diferencial, su misión, visión y valores, su trayectoria, a ser posible explicada de un modo esquemático o con una línea temporal, el organigrama, una mención al compromiso de la organización con la sociedad y el medioambiente y sus logros, premios o certificados de calidad, los productos o servicios que ofrece y, claro, una vía de contacto. Incluso podrías incluir testimonios destacados de clientes satisfechos y/o algunos logotipos de los principales clientes o colaboradores.

Es muy importante, como siempre, la planificación, marcándose unos objetivos previamente en función del tipo de público al que vaya a ir destinada esta presentación, decidiendo un orden de los elementos, una estructura lógica que ayude a los públicos a comprender muy bien el contenido, sobre todo porque nosotros lo tenemos muy interiorizado y podemos caer en el error de no explicarlo lo suficientemente claro y que el receptor no lo entienda y, como consejo personal por propia experiencia, ponte a redactar los textos cuando ya tengas claros esos pasos previos y el contenido exacto que vas a incluir, así como las imágenes seleccionadas y un diseño preestablecido para luego poder maquetar el documento. Apuesta, si cuentas con la experiencia o el equipo para hacerlo, por plataformas de presentación profesionales, como pueden ser InDesign, Photoshop o Canva, que ofrecen posibilidades muy interesantes, pero trata de descartar los clásicos Power Point, que le darán a tus presentaciones un aspecto menos profesional.

Huelga decir que en los cuatro casos, revistas, memorias, dosieres y presentaciones, se ha de cumplir a rajatabla el manual de identidad corporativa. Esto no quiere decir que ciertos elementos no puedan ser especialmente creativos o que deban ceñirse a las plantillas corporativas: podemos, bien nosotros mismos o los diseñadores del equipo si los hubiera —o la agencia de diseño— permitirnos ciertas licencias con la memoria anual, por ejemplo, dándole un carácter diferencial cada año, aunque siempre cumpliendo el *look and feel* corporativo. Otros elementos, como la revista, que tienen una periodicidad fija, sí que deben mantener un mismo estilo de maquetación y diseño y puede tener un título propio que no necesariamente tenga que ser el *naming* de la empresa, aunque es ideal que tenga relación con este o con la misión.

8.1.5 Vídeos corporativos

Para acabar con este epígrafe de medios de los que dispone la propia compañía para una efectiva comunicación externa, vamos a abordar estos elementos audiovisuales, los vídeos corporativos. Es común que una organización cuente con un vídeo que transmita los valores esenciales de la misma, que sirva como **carta de presentación** de una forma breve, visual y emocional, pero también podemos encontrarnos con vídeos enmarcados dentro de campañas o acciones concretas, como *spots* publicitarios, vídeos de lanzamiento de productos, vídeos resumen de eventos corporativos, etc.

En cualquier caso, deben ser elementos de refuerzo de la marca y, en lo posible, se deben realizar de la mano de una productora profesional, con un equipo de realización y con un correcto desarrollo de guión. Por supuesto que dentro del departamento de comunicación corporativa podemos elaborar pequeños vídeos para *stories* o *reels* de Instagram, por ejemplo (incluso teniendo prediseñadas una serie de plantillas) o vídeos para YouTube, pero siempre manteniendo, no solo la identidad de la marca, sino unos estándares mínimos de calidad. Lo que abordamos en este apartado son vídeos de mayor calado que deben estar siempre realizados por profesionales del sector audiovisual. Los vídeos caseros, sin los correctos medios de producción —iluminación, maquillaje, sonido, etc.— no pueden ser una opción cuando queremos que sirvan como símbolo identitario de la compañía. Hay que cuidar muchos detalles por el calado e impacto que pueden llegar a tener estas piezas audiovisuales, como por ejemplo:

1. **Planificación**

Una primera lluvia de ideas y la elaboración de un buen *briefing*[15] para la agencia o productora que deberá dar forma al vídeo es fundamental, no solo contemplando la esencia de la organización, los valores y los elementos diferenciadores que se quieren trasladar, sino también las vías a través de las que el vídeo se difundirá, a quiénes va dirigido y cuál debe ser el mensaje central a transmitir.

2. **Guión literario y técnico**

Se debe establecer un guión que diferencie la parte literaria —el texto que irá rotulado y/o locutado como voz en *off*— y una parte técnica. Este guión técnico establece lo que veremos en imagen y con qué tipos diferentes de planos, por ejemplo, o el tipo de iluminación. Y algo fundamental es que el guión deje establecidos los tiempos, ya que un vídeo corporativo no debería sobrepasar los tres minutos (una horquilla de entre uno y tres minutos es ideal), ya que recibimos demasiados impactos diarios y un vídeo más largo nos haría desconectar. No olvides que a ti te puede parecer que tu empresa realiza una labor fabulosa, pero no es tan sencillo que una persona ajena a la misma valore esto con el mismo entusiasmo o pasión que tú y esté dispuesto a "tragarse" diez minutos de vídeo corporativo.

3. **Estilo**

No hablamos solo, que también, del estilo corporativo, es decir, de la adecuación del vídeo a todos los parámetros identitarios de la marca, sino además del tipo de vídeo que pretendemos crear, es decir, si preferimos que sea un vídeo con imagen real o con animación, si va a ser un vídeo informativo simplemente, documental, testimonial (con testimonios de personas destacadas, bien sean propias o ajenas a la organización), si va a adoptar un tono muy serio y formal o bien más cercano, etc. Es bueno detectar qué tipo de vídeos realiza nuestra competencia para podernos diferenciar. Y sobre todo, algo que me parece fundamental: haz uso de las técnicas del neuromarketing y *neurobranding*. No voy a profundizar aquí en este tema porque hablaremos de este modo de contar las cosas en el epígrafe 18.3., pero en resumidas cuentas, apela a las emociones, al corazón de los espectadores, no solo a la razón. Para ello, es un gran aliado el *storytelling*, es decir, contar historias humanas, personales, que vayan más allá de los datos que arroja la actividad de la organización y pongan el foco en sus efectos en las personas.

---

15 Literalmente *briefing* se traduce como *instrucciones*, y se trata de un documento que les sirve a las organizaciones para trasladarle a sus agencias de marketing y comunicación qué es lo que esperan conseguir con un trabajo concreto que les está encargando, para qué quiere llevarlo a cabo, cuáles son los plazos de ejecución, con qué medios se cuenta para producirlo, etc.

4. **Música y voz en *off***

En un vídeo no es solo importante la imagen, sino también el sonido, es decir, la música y la voz en *off*, o bien la ausencia total de sonidos, ya que un vídeo mudo —o al menos una parte del mismo— puede ser una forma también de llamar la atención y generar tensión dramática. En todo caso, la música se lleva casi la mitad de la importancia del vídeo, por lo que hay que saber elegirla muy bien en base a la historia que estamos contando, los valores que queremos trasladar, el estilo, la historia o el tipo de planos, ya que la música los puede potenciar muchísimo. Del mismo modo, la voz del narrador del vídeo es un elemento más de identidad de la marca que podrá trasladar alegría, seriedad, profesionalidad, dinamismo, frescura, etc. Tomar la decisión de que sea una voz masculina o femenina y con un ritmo y cadencia concretos marcará parte del estilo y la esencia del vídeo.

5. **Presupuesto**

No siempre nos gusta abordar este tema, pero es fundamental, sobre todo porque tenemos que ser conscientes de que producir un vídeo de calidad, profesional, no es algo que se pueda hacer a coste cero o con una inversión mínima. En función del tipo de vídeo elegido, podemos requerir efectos especiales, animación, contratación de actores o extras, cámaras, drones, micrófonos, iluminación, equipo técnico, maquillaje, peluquería y sastrería y un largo etcétera. En cualquier caso, sean las que sean las partidas que finalmente configuren el presupuesto, es importante contar con un importe fijado de antemano en cuanto al coste total del vídeo, a fin de que la agencia o productora con la que trabajemos nos haga una propuesta adecuada al mismo y no fuera de nuestras posibilidades. Es bueno, por tanto, incluirlo en el *briefing*.

6. **Distribución final**

Este paso final es muy importante, ya que algunas organizaciones acaban colgando su vídeo corporativo en la web tras un enorme esfuerzo de trabajo y económico para producirlo y no establecen un plan de difusión que compense ese esfuerzo, quedando relegado a un puñado de visualizaciones. En función del vídeo, habremos establecido una serie de públicos concretos como destinatarios, pero si pensamos en un vídeo corporativo, en el más global y genérico de los casos, querremos que todos nuestros *stakeholders* lo conozcan, por lo que podremos definir un plan de difusión que tenga en cuenta los medios digitales y también los *offline*: web, redes sociales, blog, mailing, se puede proyectar en presentaciones, reuniones, eventos, distribuir en formatos como el USB u otros más innovadores, como catálogos físicos con pantallas integradas, etc.

8.2 MEDIOS PAGADOS

Una organización puede destinar parte de su presupuesto de comunicación corporativa y/o de marketing a darse a conocer pagando por ello, es decir, contratando ciertos espacios donde la marca tendrá presencia de múltiples maneras distintas, como vamos a ver, pero también con distintos objetivos, ya que puede hacerlo como parte de la estrategia de *branding*, a fin de que la marca siga penetrando en la mente y el corazón de sus públicos, sea recordada, mejore su reputación, o bien puede pretender favorecer la captación de clientes en relación a los bienes y/o servicios que presta, o socios o patrocinadores en relación a los proyectos que desarrolla. Objetivos, claro, que también pueden combinarse.

8.2.1 La publicidad

Con el paso de los años y de mi experiencia laboral en el terreno de la comunicación y el periodismo, he aprendido a valorar la publicidad de un modo diferente a como lo hacía antes, cuando este universo me era ajeno. Quizás también tú hayas tenido esa sensación de fastidio cuando el presentador de turno da paso a la publicidad; cuando tu canción favorita se ve interrumpida en la radio por una voz enérgica que nos recuerda un buen lugar donde comprar muebles en nuestra ciudad; cuando, al tratar de leer esa noticia que te produce enorme curiosidad, una imagen llamativa o un vídeo aparece delante del texto para impacientar a esa curiosidad por saber lo que ha pasado durante unos segundos más; o haciendo un repaso por las *stories* de tus "amigos" de Instagram te hayas topado con un vídeo sobre un tipo de botas que, "casualmente", ayer estuviste buscando en Google y ya no te interesa porque ya las has comprado. "*¡Dichosa publicidad!*", pensamos, y tratamos de huir de ella buscando el mando a distancia, cambiando el dial, clicando en el aspa de la parte superior o deslizando rápidamente el dedo por la pantalla para pasar a la *storie* siguiente.

La publicidad no busca convencer,
sino que es una promesa de satisfacción
en base a unos valores identitarios

Los públicos, y en concreto los clientes de hoy en día, viven muy rápido y reciben muchos mensajes al día, y saben que las alternativas entre las que elegir al alcance su mano son cada vez más, por lo que "no necesitan" que las organizaciones les impacten con sus mensajes, lo cual puede provocar que huyan de la publicidad y no se crean los mensajes publicitarios. Si esa publicidad no logra ser creíble, precisa, novedosa, sostenible, innovadora y otro puñado de atributos más que los diferentes públicos puedan valorar, la marca que hay detrás perderá la oportunidad de diferenciarse y será carne de *zapping*.

No voy a decirte que no tenga nunca esa sensación de cambiar de canal durante la publicidad, pero lo cierto es que cada vez me pasa menos. He aprendido a disfrutar de los impactos publicitarios porque he tenido que encargarme de dar forma a ciertas campañas y he entendido el trabajo que conlleva, lo importante que es cada detalle; he aprendido a descifrar qué tipo de *brainstorming* o lluvia de ideas habrán hecho los creativos hasta llegar a la que finalmente se ha aprobado, a responderme el porqué y el para qué de haber tomado esa decisión, la de contarlo así; incluso hago cábalas sobre el posible retorno que habrá podido tener ese anuncio, la inversión que habrán realizado viendo la cantidad de soportes y repeticiones que han contratado, etc.

El mundo de la publicidad es apasionante, es un arte y es parte de tu trabajo si fichas por un departamento de comunicación corporativa. Porque la publicidad no es solo un modo de poner ante los públicos los bienes y/o servicios de la organización para que los compren —no es engaño, o no debería serlo, como veíamos al inicio en el caso del marketing—: se trata de una de las fórmulas que tiene la organización, tal vez una de las más creativas, **para poner en valor los valores, la misión y la visión del mundo que tiene la entidad** —su identidad— **e influir así en la opinión pública, en los modelos de comportamiento sociales, en el estilo de vida de la gente.** ¿Te acuerdas de cuando dijimos que el marketing cambiaba el mundo? Pues bien, como herramienta de comunicación comercial y que da soporte a marketing, la publicidad es esa punta de lanza que impulsa ese cambio cultural. El publicista estadounidense William Bernbach dijo en este sentido: *"Todos los que usamos los medios de masas de manera profesional participamos en dar forma a la sociedad. La podemos vulgarizar. La podemos maltratar. O la podemos ayudar a subir a un nivel más alto".*

Para generar una campaña publicitaria es necesario seguir muchos pasos. Voy a tratar de hacer un resumen que pueda servirnos como estructura para dar forma, de principio a fin, a esa estrategia de publicidad que tenemos que diseñar:

1. **Establecer los objetivos y públicos**

   ¿Para qué ponemos en marcha una campaña publicitaria? ¿Qué queremos lograr? ¿Por parte de quién queremos lograrlo? ¿En cuánto tiempo esperamos conseguir ese resultado esperado? Desde dar a conocer la marca hasta hacer que compren lo que ofrecemos, tenemos un abanico de objetivos que debemos concretar. Podemos, por ejemplo, desarrollar una campaña publicitaria para dar a conocer una novedad de la organización o para concienciar sobre una problemática social concreta. Por tanto, nos vamos a encontrar con casos en los que esperemos una respuesta a largo plazo (mejorar la imagen y reputación de nuestra marca es algo que no se consigue en un día) y otras ocasiones en las que esperemos lo contrario: una venta inmediata (hemos lanzado una línea de productos limitados o una oferta que acaba en unos días). En todo caso, lo importante es fijar bien estos objetivos y el modo de medirlos. Veremos enseguida, cuando analicemos los diferentes canales o soportes de los que disponemos para hacer publicidad, que no en todos los casos esto se mide con la misma facilidad o con idénticos parámetros.

2. **Dar forma creativa a la campaña**

Una vez tengamos claros los objetivos y los públicos, debemos formular el mensaje publicitario de un modo adecuado a los mismos, orientado al cumplimiento de los primeros y a cautivar a los segundos. Aquí entran en juego factores como la identidad de la marca, que no se debe adulterar, los deseos de los públicos que debemos cumplir y por supuesto lo que esté haciendo la competencia, a quien debemos superar diferenciándonos. ¿Hay algo que nosotros hagamos mejor que la competencia? Incluso voy más allá: ¿hay algo que la competencia no hace y nosotros sí para satisfacer a los públicos? ¿Qué echan en falta? ¿Qué quieren que les digamos y les ofrezcamos? ¿Cómo podemos hacer que se enamoren de nosotros? Por ello, además de la claridad del mensaje y su foco directo en los beneficios que puede tener nuestra marca para la vida de los públicos, debemos lograr que transmita credibilidad, confianza, originalidad e impacto, emoción. Si nos quedamos solo en lo racional, no vamos a cautivarles (recordemos las dimensiones de los públicos); quizás sí a generar cierto interés, pero aspiramos a más. Para ello, nos vamos a valer del eslogan publicitario, esa frase icónica de la campaña que, para algunas marcas, ha llegado a convertirse en su *claim* permanente, incluso sustituyendo en ocasiones al *naming* y haciendo que el público identifique a la marca por su eslogan. Puede ser una sola palabra o una pequeña frase, un titular, pero en todo caso hará, gracias a su repetición y gancho, que nos recuerden.

3. **Elección de elementos y soportes publicitarios**

También en base a los objetivos y el *target* al que queramos llegar, haremos una elección de soportes y elementos que configurarán la campaña, siendo habitual para grandes acciones publicitarias la estrategia multicanal. Porque si hemos dicho que queremos enamorar al público, no vamos a conseguirlo en veinte segundos de *spot* o una valla publicitaria en la carretera, pero desde luego, si la campaña está bien planteada, esos impactos, sumados a otros a lo largo del tiempo, nos pueden llevar a lograrlo. Por mucho que creamos en el amor a primera vista, nadie decide que el resto de su vida va a ser al lado de ese desconocido que simplemente le acaba de guiñar un ojo, habrá que tener un puñado de citas con él para decidirnos, ¿no?

Va a ser importante elegir cuáles van a ser esos soportes en medios tradicionales como la radio, la televisión o la prensa escrita, otros *offline* como los *muppies* en el metro, las marquesinas en las calles, los vinilados de autobuses, los folletos o *flyers* en papel, u otros *online*, como los anuncios en Google —el SEM del que ya hemos hablado, véase imagen 17—, en redes sociales, en páginas web, etc. Unos serán más efectivos para alcanzar, por ejemplo, a un público adulto con cierto nivel cultural, como la prensa escrita, y otros quizás para un público joven digitalizado que opera en su día a día con el teléfono en la mano para casi todo, como las redes sociales. Existen multitud de formatos y algunos cada vez más novedosos: pensemos en paneles de vídeo en las paradas de autobús o estaciones de metro o tren, incluso en la calle, y no con imagen fija como era habitual; o en acciones en la calle puntuales, lo que se conoce como *street marketing*, que no deja de ser una modalidad publicitaria.

STREET MARKETING

El street marketing o marketing de guerrilla es una fórmula no convencional para generar repercusión mediática y llamar la atención del público a pie de calle sobre una marca, producto o servicio concreto. Busca no dejar indiferente a quienes pasen por delante o incluso su interacción, su participación. Imagina una taza gigante de café en medio de una plaza muy concurrida con el logo de una conocida marca de cafeterías, un banco en un parque que simula ser una chocolatina con un envoltorio de una famosa firma de alimentación o la icónica imagen que seguro que has visto de un paso de cebra cuyas rayas se convierten en patatas fritas de una multinacional de la comida rápida. La plataforma Netflix ha realizado varias promociones de sus producciones recientemente recurriendo también a técnicas de *street marketing*, como se puede ver en la imagen 20. Las posibilidades son infinitas.

Nuestra estrategia debe contemplar, por tanto, cuáles son esos soportes y cuál va a ser la repetición o periodicidad con la que impactaremos en los públicos, lo cual va a depender mucho también del presupuesto, claro. Pasar un *spot* publicitario una vez al mes en un canal de televisión es como tirar un vaso de agua al mar, pero pasarlo cuatro veces al día en las franjas de mayor audiencia o en aquella franja en la que esa audiencia es mayoritariamente tu público objetivo y hacerlo, por ejemplo, durante un mes completo, va a tener un impacto mucho mayor y más eficaz. Obtener los resultados deseados va a depender en gran medida, no solo de la forma creativa que le demos a la campaña, sino de esa elección de soportes y de la frecuencia de los impactos.

*El **éxito de una campaña publicitaria** estará influenciado por su **creatividad** y su concentración en un **tiempo**, unas **repeticiones** y en unos **soportes** determinados*

Imagen 20. Ejemplos de campañas de *street marketing*.

4. Elección de agencia de publicidad

Tanto para definir la estrategia de la campaña —soportes, periodicidad, etc.— como a nivel creativo, pero incluso también como intermediaria con los medios y las empresas que alquilan los soportes publicitarios, es muy importante hacer una buena elección de la agencia de publicidad con la que vamos a trabajar, un *partner* que debe ser de nuestra total confianza y entender muy bien nuestras necesidades y objetivos. Es importante conocer qué servicios presta de los que necesitamos, ya que en ocasiones se hace necesario contar con varias agencias que se complementen; con qué tipo de clientes trabaja, para saber si tiene experiencia en nuestro sector y cuál es su prestigio, qué medios humanos puede poner a nuestra disposición, etc. Como hemos visto en casos anteriores —por ejemplo al hablar de los vídeos corporativos—, será clave que facilitemos un buen *briefing* a la agencia de publicidad para que entienda lo que buscamos y pueda alinearse con nuestra identidad, objetivos y presupuesto.

5. Evaluar los resultados de la campaña

Esto es tremendamente importante, no solo en el caso de una campaña de publicidad, sino en general en todo el ámbito de la comunicación corporativa, si bien los métodos de medición y los resultados que queramos medir pueden ser muy distintos y no ser siempre igual de rápido o de sencillo sacar conclusiones. Pero en el caso de la publicidad es clave saber —o estimar[16]— a cuántas personas hemos alcanzado con nuestros anuncios, es decir, qué alcance o cobertura ha tenido la campaña y cuántos impactos[17] ha producido. Pero además podríamos analizar también cómo han interpretado la campaña a través de encuestas, por ejemplo, o de sus comentarios sobre la misma en diferentes foros.

Seguro que querremos saber qué impacto ha podido tener la campaña en la imagen y la reputación de la organización, lo cual va a ser muy difícil conocer de forma certera e instantánea y será necesario un estudio profundo y a medio-largo plazo, así como la repercusión que haya podido tener, si este era el objetivo, en las ventas o contrataciones de aquello que nuestra organización ofrece. Como vemos en la imagen siguiente, dependiendo de si estamos hablando

---

16 Digo *estimar* porque en el caso de los medios de masas la audiencia es siempre una estimación. Podemos saber, por ejemplo, cuántos periódicos se han tirado y cuántos de ellos se han vendido, pero no cuántas personas los han leído y, de estas, cuántas se han detenido a leer la página donde aparecía nuestro anuncio. Lo mismo pasa con la radio o la televisión.

17 La diferencia entre el alcance y los impactos es que en el primer caso nos referimos al número de personas alcanzadas que, al menos en una ocasión, ha estado delante de nuestro mensaje, mientras que el número de impactos hace alusión a las veces en que nuestro anuncio se ha mostrado ante alguien, pese a que ese alguien ya lo hubiese visto con anterioridad. Por ejemplo, yo puedo difundir un anuncio a través de Facebook que tenga 1.000 impactos pero que haya alcanzado en total a 650 personas, porque algunas de ellas hayan recibido el impacto varias veces.

de medios *online* o medios *offline*, conocer este dato será más sencillo o más complejo, algo a tener en cuenta si lo que se espera de la campaña es un paso a la acción inmediato por parte del público, en cuyo caso podremos medir mejor su respuesta gracias a los medios *online*.

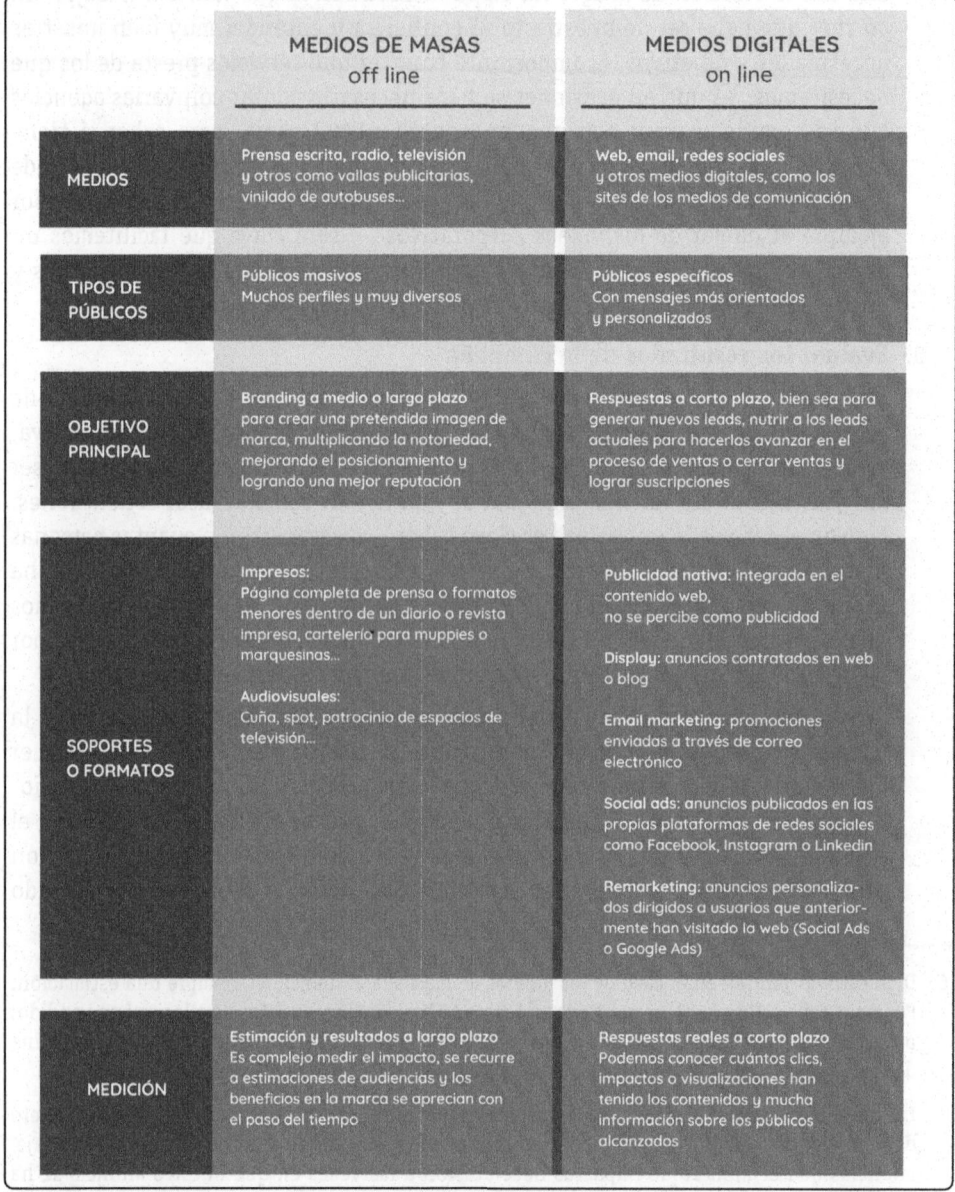

	MEDIOS DE MASAS off line	MEDIOS DIGITALES on line
MEDIOS	Prensa escrita, radio, televisión y otros como vallas publicitarias, vinilado de autobuses...	Web, email, redes sociales y otros medios digitales, como los sites de los medios de comunicación
TIPOS DE PÚBLICOS	Públicos masivos Muchos perfiles y muy diversos	Públicos específicos Con mensajes más orientados y personalizados
OBJETIVO PRINCIPAL	Branding a medio o largo plazo para crear una pretendida imagen de marca, multiplicando la notoriedad, mejorando el posicionamiento y logrando una mejor reputación	Respuestas a corto plazo, bien sea para generar nuevos leads, nutrir a los leads actuales para hacerlos avanzar en el proceso de ventas o cerrar ventas y lograr suscripciones
SOPORTES O FORMATOS	**Impresos:** Página completa de prensa o formatos menores dentro de un diario o revista impresa, cartelería para muppies o marquesinas... **Audiovisuales:** Cuña, spot, patrocinio de espacios de televisión...	**Publicidad nativa:** integrada en el contenido web, no se percibe como publicidad **Display:** anuncios contratados en web o blog **Email marketing:** promociones enviadas a través de correo electrónico **Social ads:** anuncios publicados en las propias plataformas de redes sociales como Facebook, Instagram o Linkedin **Remarketing:** anuncios personalizados dirigidos a usuarios que anteriormente han visitado la web (Social Ads o Google Ads)
MEDICIÓN	Estimación y resultados a largo plazo Es complejo medir el impacto, se recurre a estimaciones de audiencias y los beneficios en la marca se aprecian con el paso del tiempo	Respuestas reales a corto plazo Podemos conocer cuántos clics, impactos o visualizaciones han tenido los contenidos y mucha información sobre los públicos alcanzados

Imagen 21. Diferencias principales entre los medios publicitarios de masas y los nuevos medios digitales.

Es importante entender que el mundo de la publicidad ha sufrido una transformación enorme en los últimos años, un **cambio de paradigma** auspiciado especialmente por el desarrollo de las nuevas tecnologías y que la publicidad tal y como la conocíamos antes, esa que nos interrumpía a cada momento cuando menos lo esperábamos, está ya en peligro de extinción. Si bien es cierto que los medios de masas siguen haciéndonos llegar mensajes que, precisamente por ese carácter masivo que tienen, no siempre son de nuestro interés, el entorno digital ha generado un nuevo contexto en el que es necesario que los mensajes publicitarios sean relevantes para quien los va a recibir y, sobre todo, que deseen recibirlos. Es necesario que hayamos marcado la casilla de *deseo recibir información comercial* antes de que nos llegue un email con una súper oferta o que hayamos hecho una búsqueda en internet para que el anuncio que nos aparezca en Facebook no sea cualquiera, sino uno en relación a esas preferencias.

Esto se traduce en que la publicidad de masas ha perdido un enorme poder a la hora de lograr convencer a los públicos para dar el paso a la compra y se ha reforzado, en cambio, como un medio para informar sobre la existencia de una marca, para colarse en el ideario colectivo. Pero si pretendemos calar a fondo para convencerles de que nuestra marca es fabulosa y nuestra oferta cumple con sus deseos, es la publicidad digital nuestra mejor aliada. Esa que llega al público concreto al que deseamos llegar al instante, por un coste infinitamente menor y con unos resultados muy fáciles de medir. Todo son ventajas, al parecer. Pues no: no para todos los públicos el canal digital es el mejor, ya que esos beneficios que le hemos atribuido a este tipo de publicidad, la *online*, hacen también que haya mucha y que sea la más ignorada de todas.

¿Entonces no hay alternativa? ¿Debo olvidarme de la publicidad porque no sirve de nada? ¡En absoluto! Lo que quiero decirte es que, en base al conocimiento de tus públicos, a tus objetivos y a las diferentes opciones que tienes en el ámbito publicitario, debes establecer una **estrategia equilibrada que funcione en el caso de tu organización y que no tiene por qué funcionar en la organización de al lado.** Aprovéchate de las ventajas que ofrece cada formato, cada soporte publicitario, distribuye el presupuesto para poder hacer una campaña multicanal efectiva que impacte allí donde están mirando —oyendo, sintiendo— tus públicos o, quién sabe, quizás tu modelo de negocio funcione bien en un canal concreto y debas poner todos los huevos en esa cesta. Por eso es tan importante conocer el ecosistema de tu marca y planificar estratégicamente.

8.2.2   El patrocinio

Después de la publicidad, el segundo tipo de comunicación pagada por el que puede apostar una organización es el patrocinio, es decir, el **apoyo mediante financiación, bien sea total o parcial, de un proyecto, evento, actividad o en general cualquier** iniciativa con el objetivo, igual que en el caso de la publicidad, de obtener un resultado, un retorno beneficioso, bien sea a nivel de reputación e imagen corporativa o bien a nivel económico o ambos. Se trata de una opción menos agresiva o intrusiva que la publicidad, ya que la presencia de la marca se da en el desarrollo de un acto al que el público asiste con un interés concreto, como puede ser una competición deportiva, un concierto, un congreso, etc. Si bien también es posible que una marca patrocine un proyecto determinado o a una persona concreta, algo común en el caso de los deportistas.

Ya sabemos que una organización cuenta con su propia identidad y que pretende generar una imagen sobre ella alineada con esa identidad. Por tanto, al vincularse a otra marca, persona o actividad concreta, la organización buscará que exista una alineación de los valores de ambas partes para no lograr el efecto contrario al pretendido. Eso sí, siempre existirá un riesgo de que ese proyecto o evento no funcione como se esperaba o que la actitud de la persona patrocinada, si es ese el caso, no sea la más adecuada, lo cual puede volverse un inconveniente para la imagen de la organización patrocinadora.

Más que una acción solidaria,
*un **patrocinio** supone el **refuerzo***
de unos valores identitarios compartidos

Por lo tanto, el primero de los pasos a seguir para poner en marcha una acción de patrocino corporativo será (1) elegir a esa persona, evento o proyecto patrocinable y analizar aspectos como el prestigio de ese personaje o de la organización que hay detrás de la iniciativa, incluso del evento mismo; (2) si se trata de un buen canal para llegar a nuestros públicos; (3) si se trata de una acción que pueda tener proyección a largo plazo, continuidad en el tiempo, o por el contrario es puntual y (4) si habrá otras organizaciones patrocinadoras, siendo por tanto un patrocinio compartido y no exclusivo, y, de haberlas, a qué nivel, es decir, cuál será el protagonismo de nuestra marca respecto a las otras. Esto último puede afectar a la implicación económica, a la visibilidad de la marca, al vínculo generado y al compromiso adquirido en cuanto a la participación en el acto.

Del mismo modo que hemos expuesto en el epígrafe anterior al hablar de la publicidad, es muy importante también planificar estratégicamente las acciones de patrocinio de la organización y contemplar los recursos que se van a destinar a ellas, además de establecer los mecanismos de medición de resultados en base a los objetivos que nos hayamos fijado para esas acciones.

8.3 MEDIOS GANADOS

Ya hemos visto que la organización puede contar con sus propios medios o puede pagar por otros a la hora de hacer llegar sus mensajes a sus públicos, sea cual sea el objetivo que tenga. Pero tenemos que destacar también otros medios que han quedado fuera de esas dos categorías y que son clave para una organización, ya que pese a ser externos a la misma, no suelen repercutir un coste y, sin embargo, son de gran utilidad. Me refiero a los medios ganados, es decir, aquellos que **nos ayudan a promocionar nuestra actividad o difundir nuestros mensajes en base a una relación de simbiosis, de beneficio mutuo.** Se trata fundamentalmente de los medios de comunicación: los periódicos, revistas, radios, televisiones, diarios digitales, etc.

Como es lógico, los medios de comunicación son uno de los *stakeholders* clave para una organización, por lo que mantener una habitual, nutrida y cordial relación de confianza con ellos se hace indispensable, pues son un nexo de unión entre la organización y la sociedad a la hora de difundir todo aquello que la primera quiera trasladarle a la segunda. Pero no estamos hablando de meros transmisores de información: hemos de tener en cuenta que los medios de comunicación —y algunos periodistas concretos— generar opinión pública, influyen en el modo en que la sociedad comprende o valora ciertas realidades, por lo que pueden ayudarnos a mejorar la imagen y reputación de nuestra organización en base a su propia ideología o modo de abordar la información que les comunicamos.

Y decía que esta relación entre las organizaciones y los medios es de simbiosis porque, del mismo modo en que aquellas necesitan de los medios para llegar a la sociedad, estos precisan de información para poder desarrollar su labor, y las marcas les facilitan un gran volumen de contenidos en este sentido. Por no hablar de la publicidad que, como ya hemos explicado, también puede contratarse en los medios de comunicación y, por tanto, es una gran fuente de ingresos para muchos de ellos. No pocos viven de eso, de la publicidad. Pero ahora hablamos de información no comercial.

Se hace necesario, por lo tanto, que aquellas personas que, dentro de la organización, se encarguen de la relación con los medios tengan conocimientos periodísticos, ya que deben tener claro que todo aquello que no tenga un interés noticioso real para los medios, no tendrá repercusión en los mismos, por muy importante que a la entidad le parezca la información. Para quien debe ser interesante es para los públicos a los que esos medios se dirigen, no para nosotros como entidad. Puede ser la expansión de la empresa a otros territorios, la organización de grandes eventos o el lanzamiento de importantes campañas, crisis o situaciones excepcionales que puedan poner en riesgo la reputación o incluso la propia actividad de la empresa[18], datos económicos destacados o de generación de empleo en tiempos de crisis, etc. No solo eso: hay que elaborar adecuadamente esa información que se les facilita, contársela del mejor modo posible para que realmente les suscite interés, haciendo uso del lenguaje propio de los medios de comunicación. Por eso existen documentos, como las notas de prensa que vamos a explicar enseguida, que siguen unos criterios concretos en su elaboración para relacionarnos con la prensa, así como ciertas pautas y habilidades comunicativas que un portavoz corporativo debe conocer para enfrentarse a una entrevista o a unas declaraciones. Esto ayudará a que la información que trasladamos a los medios, que obviamente debe ser veraz siempre, se ajuste a lo que esperan y necesitan y la comuniquen con la menor distorsión posible respecto al mensaje original.

Como hemos visto en casos como el de la publicidad, contar con una agencia de medios también es muy importante, ya que no siempre las organizaciones cuentan con los suficientes profesionales o con la capacidad necesaria para que la relación con los medios sea lo suficientemente efectiva. Tengamos en cuenta que no se trata "solo" de redactar comunicados y enviarlos o de conceder una entrevista: hay que lograr que los medios quieran realizar esa entrevista o reportaje, enviar esos comunicados con ciertos criterios, segmentando a los medios generalistas de los especializados en temáticas o sectores concretos, confirmar con ellos la recepción del comunicado y, por correo o teléfono, poder compartir con ellos más detalles y despertar su interés, pues el volumen de comunicados que puede recibir la redacción de un medio al día es enorme. Hay que estar en permanente contacto con periodistas de los medios que más nos interesan, conocerlos bien, estrechar esa relación de confianza, y, por supuesto, medir los resultados de los impactos que han tenido en los medios las acciones de comunicación de la organización. Esto, sin una agencia intermediaria dedicada a esta labor, con el *expertise*, los contactos y las herramientas adecuadas, es muy complejo, a no ser que la organización sea muy pequeña y/o genere muy poco volumen informativo.

---

18 Una profesora nos dijo un día en clase cuando estudiaba Periodismo: *"si es positivo, no es noticia"*. Yo no estoy del todo de acuerdo con una aseveración tan rotunda, pero sí que es cierto que, nos guste más o menos, es habitual que las noticias con un carácter negativo copen más espacio en la escaleta del informativo o en las páginas del periódico, ya que suscitan un mayor interés social. Por ello, cuando trabajamos en el ámbito de la comunicación empresarial, no debemos pensar que los periodistas buscan el morbo o los detalles más negativos con mala fe, sino que debemos comprender qué es aquello que le pueda interesar más a la sociedad y, en todo caso, darles la vuelta a las noticias negativas para reorientar la conclusión de las mismas, pero no podemos pretender que los medios se hagan eco solo de las cosas bonitas que hacemos y nos pasan. Es natural que un mal resultado o una información negativa sobre la organización suscite su interés. Nuestra habilidad para gestionar esa situación de crisis —bloque V— será la clave.

¡Alerta! Jefe a la vista

"No merece la pena pagar a la agencia de medios"

Una vez más tengo que destacar una frase que solo puede atribuírsele a un superior que desconoce completamente el trabajo que realiza su equipo y la importancia y alcance de la relación con los medios. Si bien puede ser importante replantearse el modelo de relación con los medios y, por tanto, de relación con la agencia en el caso de empresas pequeñas o sin mucho presupuesto, o incluso que tienen poco que comunicar al exterior, es importante que una compañía mediana o grande entienda la importancia de la agencia de medios. A mí esta frase me la dijo, inconcebiblemente, un jefe que pretendía cargarse la relación con los medios y, al mismo tiempo, lograr que toda la sociedad conociese y contratase el servicio que ofrecíamos. Una incongruencia absoluta fruto del desconocimiento. Cuando uno tiene que liderar un área que desconoce, tiene tres opciones: rechazar el puesto, formarse e interesarse hasta controlarla o convertirse en un tirano. Procura ser un buen líder o ayudar a tu jefe a convertirse en uno.

8.3.1 Comunicaciones dirigidas a los medios: la nota de prensa

Una nota de prensa o comunicado de prensa es un **escrito que, desde la organización, elaboramos y enviamos a los medios de comunicación para que se encarguen de dar difusión a su contenido.** Estos solo lo harán si ese contenido es de su interés, claro. Por tanto, lo primero que debemos tener en cuenta al establecer una relación con los medios es qué información vamos a trasladarles, qué novedades respecto a la organización que tengan interés para ciertos públicos. Ya hemos dicho que si el contenido es irrelevante —por mucho que para nosotros, para nuestra entidad, sea algo importante—, no vamos a lograr que los medios se hagan eco de ello.

Pero no solo eso: es importante conocer las claves del periodismo y el funcionamiento de los medios de comunicación, facilitándoles un documento que sea informativo y que esté redactado del mismo modo en que un periodista redactaría una noticia, es decir, debe cumplir los estándares propios de la profesión periodística en cuanto a concisión, orden y claridad, contando con un titular que resuma el contenido de la información y respondiendo al menos en las primeras líneas a las clásicas preguntas que conocemos como las 5W: qué, quién, cuándo, dónde y por qué —*what, who, when, where, why* en inglés, de ahí lo de 5W—, dejando lo menos importante para el final a fin de que algunos medios, que publicarán la nota de prensa prácticamente textual, puedan recortarla por el final si les resulta demasiado larga y no se pierda la información fundamental (es lo que conocemos como redacción en pirámide invertida).

Además de estas dos consideraciones básicas, relevancia y redacción periodística, existen otras cuestiones a tener en cuenta a la hora de preparar un comunicado dirigido a los medios de comunicación, como por ejemplo:

1. Se debe **indicar en el documento que se trata de una nota de prensa**, ya sea destacado arriba, en el encabezado o sobre el titular, o bien en uno de los márgenes.

2. Debe estar claramente **fechada** con día de lanzamiento, mes y año.

3. No es aconsejable que tenga una extensión superior a las **dos páginas**.

4. Podemos **destacar palabras** en negrita, aquellas que nos resulten más importantes para despertar el interés del medio.

5. Además de contener un **titular** informativo —periodístico— y de mayor tamaño que el resto del texto, puede incluir también, entre el titular y el cuerpo de texto, uno o varios *bullets* o subtítulos con la información más interesante.

6. Conviene **nombrar a la organización repetidamente** a lo largo del texto, incluso incluyendo *links* a su web que, si bien algunos medios podrían eliminar, otros mantendrán y podrían generarnos tráfico a la web.

7. No solo a la web, sino que podemos también **incluir enlaces** a una determinada campaña digital si es que tiene relación con el contenido de la información, incluso a nuestros perfiles de redes sociales, lo cual se suele hacer al final de la nota.

8. Es importante que el **contenido** no sea publicitario, sino **informativo**, de lo contrario la nota será rechazada por los medios. La publicidad se paga. Sin embargo, lo que sí que debemos asegurarnos es que aportamos una visión positiva de la organización y su actividad —sin incluir adjetivos calificativos que la ensalcen— y una actitud igualmente positiva en relación al mercado, a posibles conflictos o a la competencia, evitando citar a otras organizaciones o entrar en guerras mediáticas.

9. Es recomendable que acompañemos al documento de **apoyo gráfico o audiovisual**, es decir, de alguna fotografía, imagen o incluso vídeo en relación a la información que pueda servir a los medios para comprenderla mejor o para ilustrarla, publicando también ese contenido. Del mismo modo que en el caso de la información, el apoyo gráfico —que también informa— debe ser relevante. Si adjuntamos una imagen que no sea representativa o un vídeo de muy baja calidad, sería contraproducente, dando una imagen de poca profesionalidad y arriesgándonos a que la información no sea valorada como nos gustaría. Un

medio profesional no va a publicar contenido gráfico o audiovisual de baja calidad o que no aporte nada a la información.

10. También podemos incluir **declaraciones** de un portavoz, directivo o persona responsable del tema a tratar, alguien con autoridad en relación a la información, especificando su nombre, apellido y cargo y entrecomillando sus palabras.

11. Es posible que algún medio necesite ampliar la información, quiera elaborar un reportaje al respecto para el que necesite hablar con la organización o entrevistar a alguno de sus miembros. Por tanto, es importante incluir el **contacto** de la persona que se encarga de la relación con los medios y de la agencia de medios, si la hubiese, como intermediaria y puente entre los medios y la organización.

12. Es aconsejable terminar el documento con un breve **párrafo que resuma la actividad e identidad de la organización**, que pueda servir como fuente de información para el periodista que lo requiera. Más allá de su misión, visión o valores, se pueden llegar a incluir, incluso, detalles más específicos acerca de la identidad visual o verbal de la marca para asegurar una correcta aplicación de su *naming* o imagen, por ejemplo.

13. Un detalle importante es que en ocasiones una nota de prensa se envía a los medios para que conozcan la información, pero, por algún motivo, no queremos que todavía difundan la información. Se trata de lo que conocemos como una **nota embargada**, y en estos casos también se debe especificar ese embargo y cuál es la fecha a partir de la cual puede difundirse el contenido. Se puede recurrir a esta técnica cuando pretendemos, por ejemplo, que el medio se reserve con antelación un espacio para cubrir nuestra información en un día que sea especialmente relevante por el contenido de la misma.

Es habitual que contemos con un espacio de prensa o noticias en nuestra web corporativa, por lo que podremos también dar difusión a través de nuestros propios medios a las notas de prensa que enviemos. Nos pueden servir incluso de fuente de información para publicaciones en redes sociales.

Puede que aquello que comuniquemos tenga que ver con una colaboración con otra empresa, organización o institución. En este caso, antes de realizar ningún comunicado a los medios, debemos alinearnos con la otra parte, consensuar que estamos de acuerdo en realizar una comunicación y decidir si queremos hacer una cada parte o bien una conjunta. En el primer caso, es aconsejable enviarlas en el mismo momento, y en ambos casos sería bueno consensuar el contenido para que todos estemos cómodos con lo que vamos a contar y lo hagamos sin contradicciones, datos incorrectos o visiones que difieran.

Ya he hablado de la importancia que puede tener una buena agencia de *public relations* o agencia de medios, y no quiero acabar este epígrafe sin recalcarlo de nuevo. Sus estrechas relaciones con los medios, incluso con periodistas concretos, su conocimiento del ámbito periodístico, sus buenas bases de datos o su capacidad para dedicar tiempo a las llamadas y correos tras un lanzamiento, a fin de asegurarse de que la información ha sido recibida o suscitar interés en los medios por una entrevista o una pieza más completa, es algo que en muchas ocasiones no podemos realizar desde la propia organización por falta de recursos propios. Es decir, que su apoyo va mucho más allá de la redacción de comunicados, que en muchos casos pueden hacerse sin problema desde el departamento de comunicación corporativa.

¡Alerta! Jefe a la vista

"Te he escrito yo la nota de prensa"

No he incidido lo suficiente en el intrusismo que existe en nuestra área de trabajo y en lo poco valorado que está, en muchas ocasiones, el trabajo de los profesionales de la comunicación. Este es un ejemplo de ello: una jefa decidió —y me ha pasado hasta en dos ocasiones— que en lugar de facilitarme la información que necesitaba para elaborar una nota de prensa, ella podía perfectamente escribirla y dejarla lista para que yo me encargase de enviársela a los medios. En este caso, ni siquiera era una directiva del área de comunicación o de marketing, sino que desde otra área tenía la necesidad de comunicar algo a los medios.

Obviando la falta de comunicación previa para conocer nuestro plan de medios y saber si el contenido podría ser interesante para los periodistas o en qué momento sería bueno lanzarlo en función de nuestro *planning* de acciones, dio por hecho, no solo que era un contenido adecuado y que debía enviarse "ya", sino que tenía plenas capacidades de redacción periodística, sin contar con lo importante que es conocer las claves de este tipo de documento y las necesidades y preferencias de la prensa.

Como te imaginarás, hubo que redactar la nota de cero en ambas ocasiones. Que cada uno se dedique a hacer su trabajo y nos deje a los comunicadores hacer el nuestro, por favor. Seguro que a ti, como a mí, no se te ocurriría ponerte a hacer entrevistas de selección de personal o a diseñar programas de innovación tecnológica para implementar en la empresa. Pues no dejes tampoco que nadie pise tus funciones.

8.3.2   Ruedas de prensa y encuentros con periodistas

Una rueda de prensa es un **acto informativo** que la entidad —o también una persona particular— organiza a fin de comunicar algo de relevancia e interés para los públicos a través de los medios de comunicación, que son convocados a tal fin. Debe haber un **hecho muy noticiable** que se desea comunicar —más si cabe que en el caso del lanzamiento de una nota de prensa— para generar el interés de los periodistas, que habrán de acudir presencialmente al lugar donde se celebre. En definitiva, se trata de un evento que supone un esfuerzo, económico y humano, de organización, pero también para los medios, que deben enviar allí a sus equipos. Si les ofrecemos después información poco relevante, es posible que no vuelvan a atender nuestras convocatorias.

Si optamos por esta modalidad para comunicar algo a los medios es porque vamos a darles la oportunidad de hacernos preguntas tras nuestra intervención. Seguro que en alguna ocasión has escuchado que un político o un deportista, por ejemplo, ha ofrecido una rueda de prensa sin preguntas. En sentido estricto, no es entonces una rueda de prensa, sino más bien una conferencia en la que la información se facilita en un único sentido sin la posibilidad de intervención por parte de los medios, que pueden querer ampliar la información, solventar dudas, etc. No es, por tanto, una buena opción la de acallar a los periodistas asistentes a un acto de este tipo, ya que este gesto puede ser valorado como una falta de transparencia, miedo a enfrentarse a cuestiones incómodas o incluso yo lo consideraría como una falta de respeto por la profesión periodística y por esos profesionales que se han tomado la molestia de asistir hasta allí, cuando podían haber recibido esa información en forma de nota de prensa en la redacción.

Además de esa relevancia y de dar la posibilidad a los medios de hacer preguntas, hay otras cuestiones a tener en cuenta a la hora de organizar una rueda de prensa, como por ejemplo las siguientes:

1. **Elegir un buen momento**, y no me refiero, claro, a un buen momento solo para ti, para tu organización, sino para los medios. Te dejo algunos *tips* en este sentido que pueden ayudarte:

   - Evita los fines de semana en lo posible, ya que los medios cuentan con menos periodistas y es más difícil que puedan enviarlos a un acto que les robe una buena parte de su jornada.

   - También es aconsejable que evites los lunes y los viernes, días más complicados informativamente —el lunes hay trabajo atrasado del fin de semana, el viernes hay que dejar preparadas informaciones "enlatadas" para el sábado y el domingo— y los periodistas suelen tener menos tiempo para acudir a eventos o convocatorias.

- Trata de convocar en las horas centrales de la mañana, ya que en las primeras horas los periodistas suelen estar en la redacción planificando la jornada y seleccionando los contenidos a cubrir.

- Si quieres que la información sea publicada ese mismo día, evita convocar a los medios en horario de tarde, ya que perderás la ocasión de aparecer en los informativos o boletines de ese día, quizás como mucho sea posible que la información aparezca en los de la noche. Es cierto que con los medios digitales hay barreras temporales que se han roto, pero en el caso de los medios tradicionales, como la radio o la televisión, sigue siendo necesario tener en cuenta este tipo de cuestiones.

- Evita convocar coincidiendo con un evento destacado en la ciudad o que pueda ser más relevante que tu convocatoria, ya que será más complejo que haya periodistas disponibles para acudir, pues estarán cubriendo el otro evento. Es cierto que pese a convocar un día en que no exista tal coincidencia, siempre puede surgir una información de última hora, una dimisión de un alto cargo del gobierno, por poner un ejemplo destacado, lo cual puede provocar que, incluso habiendo confirmado su asistencia, haya periodistas que no acudan. Ya que esto es imprevisible e inevitable, al menos preveamos no coincidir con eventos que ya sabemos que se celebrarán de antemano.

2. **Elegir un buen lugar**, de nuevo pensando en el buen desarrollo del acto y en la prensa, no solo en tu entidad. Puedes estar tentado a convocar en tu sede por comodidad, pero si esta no tiene los medios técnicos adecuados o está muy alejada del centro de la ciudad, puede ser un fracaso y es mejor elegir un hotel, un centro de conferencias o un espacio similar. De nuevo, te dejo algunos consejos básicos en este sentido:

   - Piensa en un lugar que tenga los medios técnicos de luz, sonido y audiovisuales necesarios, con internet para que los periodistas puedan trabajar y enchufes para conectar sus equipos si lo precisan.

   - Debe haber asientos suficientes para toda la prensa convocada, además de tener en cuenta que puedan asistir medios gráficos, en cuyo caso debe haber un lugar preferente para los cámaras y fotógrafos, normalmente en la parte posterior. En función del tipo de sala, es conveniente que los medios gráficos del fondo dispongan de una tarima para poder hacer bien su trabajo a una altura adecuada.

   - Es importante la facilidad para acceder al recinto y, en lo posible, aparcar, aunque si es un lugar céntrico —con parkings públicos cerca seguramente— y bien comunicado por diferentes medios de transporte, esto no es indispensable.

- Detrás del portavoz de la organización o de las personas que vayan a intervenir es conveniente que no haya un fondo neutro, blanco. Por ello estarás acostumbrado a ver a deportistas, especialmente, con paneles de logos detrás, con colores llamativos o a políticos con el color de su partido o las banderas de rigor. Se debe aprovechar para dar visibilidad a la identidad corporativa de la marca o a los patrocinadores, como es habitual en el ejemplo deportivo, ya que ese fondo aparecerá en las imágenes que se difundan después.

- Las personas que intervengan, estén en un atril o en una mesa, tendrán colocado delante un cartel con su nombre y, si es preciso, su cargo, a fin de ser fácilmente identificados por los medios, ya que no siempre se trata de personas con proyección pública que sean reconocibles.

3. **Realizar una buena convocatoria**, es decir, con unos días de antelación suficiente para que los periodistas puedan incluirla en sus agendas y dejando claro el motivo de la misma y los datos necesarios para asistir: lugar, día, hora, etc. Es importante que decidas a qué medios vas a invitar, teniendo en cuenta el interés que pueden tener en el asunto: medios generalistas, especializados, agencias, etc., y en caso de que conozcas a los periodistas concretos de los medios a los que vas a convocar, es ideal que les envíes una invitación personalizada. Si lo crees necesario porque no has recibido confirmación por parte de algunos medios, uno o dos días antes puede hacerse una ronda de llamadas para confirmar asistencias.

4. **Elegir un buen portavoz.** No me voy a extender en este aspecto porque enseguida analizaremos la importancia de los buenos portavoces de una organización (en el epígrafe 12.3.7.), pero qué duda cabe de que la persona que represente a la organización y vaya a realizar las declaraciones pertinentes en la rueda de prensa debe contar con las habilidades de comunicación adecuadas por un lado y con un exhaustivo conocimiento de la organización por otro, así como del asunto en cuestión que motive la rueda de prensa. Los periodistas saldrán de allí con titulares en su cabeza, frases breves y concisas, por tanto eso es lo que el portavoz debe ofrecerles, no una perorata llena de intrascendencias, una divagación extensa antes de llegar al asunto en cuestión.

Es importante tener en cuenta que, en ocasiones, cuando se decide compadecer ante los medios es debido a una situación de crisis, un aspecto que analizaremos en el bloque V de este manual, pero baste aquí apuntar que en estos casos se debe ser prudente cuando hablemos de algo que pueda comprometer la reputación de nuestra organización y debemos mostrar transparencia y confianza, así como una actitud positiva, aunque sea seria y firme, no vetando ni preguntas incómodas ni a periodistas concretos, no eludiendo ninguna cuestión peliaguda, sino más bien ofreciendo respuestas o la posibilidad de dárselas en otro momento si es que en ese instante no se está en disposición de hacerlo. Si, por el contrario, nos mostramos esquivos o agresivos, estaremos logrando el efecto contrario al pretendido.

5. **Preparar un *kit* de prensa** con materiales dirigidos a los periodistas es también algo frecuente cuando se organiza una rueda de prensa. Hoy, en la era digital, es muy probable que ya con anterioridad o ese mismo día, incluso *a posteriori*, les hagas llegar a los medios toda la información que pueda serles de utilidad para cubrir la información, pero no está de más contar con un dosier de prensa —enseguida explicamos lo que contiene este documento—, una nota de prensa que resuma la esencia de la convocatoria y toda la información que se desee trasladar a los periodistas, facilitando así su trabajo. Por ejemplo descripción de productos, FAQ, impactos en prensa, inversión publicitaria anual de la organización, etc. Lógicamente, si por nuestro modelo de organización o actividad convocamos a los periodistas —normalmente a los mismos— con una periodicidad semanal o mensual, no será necesario facilitarles el dosier de prensa en cada ocasión porque ya dispondrán del mismo, a no ser que haya sufrido modificaciones sustanciales.

6. **Atender a los medios** *in situ* es muy importante, y no me refiero solo a responder a sus preguntas tras la intervención, sino también a su recepción cuando llegan o a su despedida al marcharse. Bien sea el propio equipo de comunicación de la organización o el equipo de su agencia de medios, alguien debe verificar que todo está preparado antes de la llegada de los medios —desde el funcionamiento de los medios técnicos hasta de la climatización de la sala—, así como anotar quienes han asistido tras recibirlos a todos en la puerta. Esta persona puede hacer entrega también del kit de prensa y ser la encargada, al cierre del acto, de agradecerles su presencia y despedirles en la salida. Puede parecerte un exceso de cortesía, pero no lo es: se trata, más bien, de darles la importancia que tienen a los profesionales de los medios y mostrarles agradecimiento por asistir a la rueda de prensa. Recuerda que eres tú o más bien tu organización la principal interesada en que acudan y se hagan eco de la información. ¡Hay que mimarles un poco! Podrían estar cubriendo cualquier otro evento o noticia y están ahí, escuchándote, interesándose por lo que tienes que contar.

Como detalle extra a tener en cuenta en relación al tiempo, no es aconsejable que una rueda de prensa se prolongue más allá de los treinta minutos, ya que hay que dejar tiempo después a las preguntas de la prensa. Cuando hablemos de las normas sociales fundamentales a tener en cuenta en un evento ahondaré en la importancia de la puntualidad, pero por ahora basta con apuntar que podemos otorgar unos minutos de cortesía —no más de cinco— en lugar de empezar a la hora en punto para los más rezagados que puedan haber encontrado problemas para llegar o acceder a tiempo, pero no más, ya que no podemos hacer esperar a aquellos que han sido puntuales.

He querido incluir en el título de este epígrafe la expresión *encuentros con periodistas* porque la rueda de prensa no es la única acción que desde la entidad podemos organizar con la prensa, sino que existen otros actos o actividades relevantes que pretendemos que tengan notoriedad en los medios y para lo cual les convocamos, como por ejemplo inauguraciones de nuevas sedes, lanzamientos o presentaciones de productos, visitas a instalaciones para dar a conocer nuestra actividad, congresos, ferias y un sinfín más, diferentes en función de la organización y de sus objetivos.

Para este tipo de encuentros, es también primordial conocer bien la agenda y el trabajo de los medios y sus intereses, así como tener en cuenta el lugar donde les vamos a citar, quién va a atenderles, qué vamos a contarles y cómo. Por tanto, podemos tener en consideración muchas de las cuestiones expuestas para la organización de las ruedas de prensa y, en función del tipo de encuentro, también muchas de las que veremos en el siguiente bloque, titulado *Organización de eventos corporativos*.

8.3.3   Enfrentarse a una entrevista para la prensa

Muchos de quienes nos dedicamos al ámbito de la comunicación corporativa somos periodistas o al menos conocemos ciertos aspectos de la profesión periodística. Por ello, no voy a explayarme explicando géneros periodísticos concretos, ya que no es tampoco el objetivo de este manual, pero sí que tenemos que tomar en especial consideración algunos de ellos en los que podríamos participar desde nuestra organización en colaboración con los medios, como la entrevista. También, el artículo de opinión, que veremos en el epígrafe siguiente.

En cuanto a la entrevista, bien sea porque la organización quiera trasladar algo o porque al periodista o medio le interese y nos lo proponga, se trata de un **encuentro, físico o virtual, entre un portavoz de la entidad y un periodista en el que este último realiza una serie de preguntas al anterior para que pueda explicar cierto asunto.** La entrevista es posiblemente uno de los géneros periodísticos más interesantes, pero puede llegar a ser una tortura enfrentarse a una de ellas para un portavoz de una organización que no esté habituado o no se haya formado como portavoz, que no se haya entrenado previamente o jamás se haya enfrentado a una grabadora, a las preguntas de un periodista o a una cámara de televisión.

En cualquier caso, no es aconsejable acudir a una entrevista "a pelo", sin una previa preparación. Si bien es cierto que no todos los periodistas son muy partidarios de facilitar con anterioridad las preguntas al entrevistado, siempre hay algunas recomendaciones a tener en cuenta antes de enfrentarse al momento de la verdad, se cuente o no con las preguntas concretas para prepararse la información:

▶ Lo primero a tener en cuenta es que la entrevista, pese a ser una persona la que responda, se realiza a la organización, a través, claro, de un representante —portavoz— de la misma. Por lo tanto, y puesto que la finalidad debe ser **mejorar la notoriedad y la imagen de la organización**, se debe hablar siempre en positivo y en relación a aquellos aspectos o modos de abordar las informaciones que más interesen a la entidad, satisfaciendo al mismo tiempo, claro, las necesidades periodísticas del medio.

▶ Piensa en quiénes son aquellos que van a verte, escucharte o leerte, es decir, **quién es el público** que consume el medio de comunicación al que vas a conceder una entrevista. No es lo mismo hablar para un medio especializado en una materia concreta, cuyos públicos estarán familiarizados con ciertos asuntos y tecnicismos, que para un medio generalista que consume la gran masa social, por ejemplo; o para un medio local, regional o nacional...

▶ Del mismo modo, has de **conocer al medio, el programa, espacio o sección** del medio para la que vas a hablar, a fin de entender el motivo por el que quieren hablar contigo, qué información, de toda la que puedas contar, encaja mejor en ese espacio y, si por ejemplo hablamos de una tertulia de radio o televisión, qué otro tipo de colaboradores podrían estar presentes o incluso intervenir[19].

▶ Es también importante que tengas en cuenta **quién es el entrevistador** con el que vas a charlar. Puede que no le conozcas con anterioridad al momento del encuentro, pero al menos sería aconsejable que te informases sobre su modo de trabajar, echando un vistazo a otras entrevistas que haya realizado y que pudieseis intercambiar antes unas palabras para generar cierta confianza.

OFF THE RECORD

En el ámbito periodístico se utiliza la expresión *off the record* para referirse a una información que se comparte con un periodista, no con la intención de que vea la luz, sino de que quede entre ambos pero pueda ayudar a que se comprenda mejor alguna cuestión. Se establece un pacto tácito entre el entrevistador y el entrevistado cuando este dice *"lo que te voy a contar ahora es off the record"*, por tanto no tengas miedo de hacerlo cuando lo consideres necesario, con la seguridad de que lo que digas no será publicado. A no ser, claro, que el periodista tenga una mala praxis, pero vamos a confiar en la profesionalidad de los compañeros de la prensa, como lo hacemos en los abogados, en los médicos o en los pilotos cuando nos subimos a un avión.

---

19 Podría tratarse, no ya de una entrevista en exclusiva a ti o al portavoz de tu organización, sino de la participación en un debate, en un coloquio, en una mesa de tertulia, lo cual hay que preparar tanto o más que una entrevista.

En ocasiones, un medio puede querer pedirle a un portavoz de la organización simplemente unas declaraciones para incluirlas en un **reportaje** más amplio, que no se centra en la entidad y su labor, sino en un asunto relacionado con ella, con su trabajo, con su misión, y por tanto su voz puede servir para enriquecerlo. Se debe proceder del mismo modo a la hora de preparar lo que va a decirse o seleccionar a un portavoz, pero en este caso la relevancia será menor, ya que se tratará de una mención dentro de una pieza informativa más grande que puede citar también a otras organizaciones o fuentes. Aunque puede también ser una pieza centrada solo en la organización, claro, en cuyo caso la preparación debe ser mayor.

EJEMPLO DE REPORTAJE

Imaginemos que trabajamos para una compañía automovilística (seguimos con este ejemplo) y nos llaman de un diario nacional porque están haciendo un reportaje sobre los coches eléctricos. Puede que también incluyan declaraciones del Ministro de Transición Ecológica, de una empresa de instalación de puntos de recarga y la nuestra como voz experta en la producción de esos vehículos. Quizás seamos un testimonio más entre otros, o no, pero no por ello es poco importante nuestra participación, ya que podemos llegar a públicos que nos interesen e incluso que nos conozcan si antes no lo hacían. Es una buena oportunidad para posicionarnos como referentes en nuestro sector, para mejorar nuestra reputación.

8.3.4 Los artículos o columnas de opinión

Más allá de las entrevistas, donde podemos explayarnos al hablar sobre la organización o una iniciativa concreta ante las preguntas de un periodista; o del reportaje, donde en efecto podemos aparecer como expertos o fuente de información, si hay un género por excelencia que puede servirle a la empresa para tener una presencia en los medios como especialista sobre un asunto concreto es el artículo de opinión. Se trata de un **texto que profundiza en un tema y que va firmado por una persona con autoridad dentro de la organización, aportando la posición de esta respecto al asunto a tratar**. En otros casos es la opinión del autor la importante, pero cuando hablamos de la comunicación corporativa, el portavoz que en este caso firma un artículo habla en nombre de la entidad, por lo que debe ser alguien que conozca bien tanto el tema como la identidad de la organización.

Al ser una pieza escrita, puede difundirse en una publicación impresa (periódico, revista, etc.), o bien en un medio digital, y busca influir en los lectores, ya que estos entienden que quien escribe tiene una opinión fundamentada, aporta datos fiables y es una persona referente en ese campo. Eso sí, no se trata de una pieza publicitaria o de promoción de la organización o alguno de sus servicios. Si escribimos con ese fin, los medios entenderán que, como publicidad que es, deberá pagarse por ella y no la valorarán como un tema de interés para sus públicos. Al contrario: el pretendido posicionamiento de la empresa como referente en el campo a tratar lo logramos al firmar el artículo con el cargo y el nombre de la organización para la que trabaja el autor, pero el texto debe estar orientado a despertar el interés del público y solventar sus dudas sobre, por poner un ejemplo, los motivos de la subida del precio de la energía cuando el que firma es un portavoz de una energética, pero no puede animar al lector a hacerse cliente de la empresa. El lector entenderá que quien habla conoce el asunto y, si le convencen sus argumentos sobre el tema, posiblemente se interese por buscar la oferta energética de la empresa para la que ese autor trabaja, pero olvídate de "vender a la organización" en un artículo de opinión, los medios no lo publicarán; insisto, a no ser que pagues por ello, lo cual es también lícito y factible, pero aparecerá entonces como contenido publicitario.

Desde la organización o desde su agencia de medios se puede proponer la elaboración de un artículo a un medio concreto o incluso se puede enviar ya redactado a varios medios, como hacemos con las notas de prensa, confiando en que a algunos de ellos, o a varios, les resulte atractivo y lo publiquen. Huelga ahondar de nuevo en la importancia de conocer a los medios, sus públicos y su interés informativo.

Algunos *tips* o claves para elaborar un artículo de opinión con (1) elegir bien el tema; (2) informarse adecuadamente sobre el mismo a través de fuentes fiables; (3) ser conciso, ir al grano, no andarse por las ramas, ya que los medios nos van a exigir normalmente un número concreto de caracteres o de palabras; (4) argumentar el punto de vista de la organización respecto al tema que estés tratando; (5) utilizar ejemplos si son clarificadores y aportan luz a la información; (6) proponer una solución al tema o al menos una visión a futuro y (7) resumir las ideas principales antes del punto final.

OTRAS POSIBLES COLABORACIONES CON LOS MEDIOS

Además de las ruedas de prensa, la entrevista o el artículo de opinión, el portavoz de una organización puede tener que enfrentar también otro tipo de relación con los medios, como puede ser, por ejemplo, una tertulia o debate, un formato habitual en radio y televisión en el que es importante saber quiénes serán los otros tertulianos y también es clave conocer los temas a tratar, dejar clara nuestra postura y llevar preparado el contenido que queramos trasladar, así como posibles opciones para rebatir otras posturas; o un canutazo, que se producen normalmente a pie de calle y supone el "abordaje" de un grupo de periodistas y medios gráficos al mismo tiempo, en cuyo caso es importante, si sabemos que esta acción va a producirse, tener declaraciones previstas, cumplir las expectativas de los medios y manejar bien la respuesta a posibles preguntas incómodas o no esperadas.

8.3.5   El dosier de prensa

No todas las organizaciones tienen muy en cuenta y cuidan lo suficiente este documento, pero bajo mi punto de vista es importante tener un buen y actualizado dosier de prensa. Fundamentalmente porque se trata de la carta de presentación de la organización ante los medios de comunicación, ya que recoge toda aquella información interesante sobre la compañía que los medios pueden tomar como **datos susceptibles de ser publicados presentados bajo criterios periodísticos**.

Es decir, en este dosier debemos aglutinar, a modo de escaparate de la entidad, su historia, su modo de organización en cuanto a sus áreas, a su organigrama, etc., sus valores, los servicios y/o productos que ofrece, sus más destacadas colaboraciones, información sobre sus ingresos y beneficios, etc., a lo que podemos sumar material gráfico como el logo o fotografías que ilustren lo que la organización es y hace. Y si digo que se orquestan todos estos elementos —y cuantos la organización considere añadir— bajo criterios periodísticos es porque debe ser un documento breve, conciso, informativo, adecuado a la información que los medios necesitan y esperan encontrar, facilitando su labor, como vimos en el caso de las notas de prensa.

Además de entregarlo en actos como las ruedas de prensa u otros eventos, podemos hacer público el dosier en la propia web corporativa, en el área dedicada a la prensa junto a las notas de prensa, impactos destacados en medios, contacto de prensa, etc. Es una forma estupenda de presentar a la organización en base a sus datos más destacados y de un modo accesible para públicos no necesariamente expertos en el *core business* de la entidad.

8.3.6   El *clipping* de prensa

Si buscamos tener repercusión en los medios de comunicación, tendremos que ser capaces de medir esos impactos, contabilizarlos e incluso monetizarlos, a fin de poder analizar cómo ha sido ese impacto, si ha aumentado o no respecto a años anteriores o qué objetivo nos marcamos de cara al próximo año. El *clipping* de prensa es un **documento que recoge los impactos de forma categorizada** —por fecha, por tipo de medio, por temática, etc.— que ha tenido nuestra organización en los medios en un período concreto de tiempo. Incluye, por tanto, *links* a las publicaciones de medios digitales, recortes de prensa de medios impresos, cortes de audio de radio o de vídeo de impactos en televisión.

Así, a través de este seguimiento, nuestra organización estará al tanto de todo lo que se ha publicado sobre ella y su actividad, bien haya sido intencionado —porque hayamos hecho un trabajo de envío de notas de prensa o hayamos concedido alguna entrevista, por ejemplo— o bien sin pretenderlo, ya que otros pueden habernos mencionado en sus declaraciones o un medio nos puede haber tomado de ejemplo o de fuente informativa.

Así como en el entorno digital es mucho más sencillo medir el alcance de una información, la inversión realizada para su difusión y su retorno económico, no es así en el ámbito, por ejemplo, de la difusión de informaciones a través de los medios de comunicación[20]. Podemos saber la tirada que tiene un periódico concreto en el que aparece una entrevista a nuestro CEO, los periódicos que imprime y distribuye, ¿pero cuántos de esos diarios finalmente se han vendido? Y de los que se han vendido, ¿cuántos se han leído? Y de entre aquellas personas que lo han leído, ¿cuántas se han detenido ante la entrevista y la han leído completa? Es imposible saberlo. Lo mismo que sucedía con la publicidad *offline* —recuerda la imagen 17— sucede en este caso.

Sin embargo, del mismo modo que los medios hacen estimaciones de audiencias, también podemos tener un número aproximado de personas impactadas y una valoración económica estimada de cada uno de los impactos, información que suele incluirse en el *clipping*. Esta valoración se puede analizar bajo criterios de valoración publicitaria, es decir, lo que costaría haber "comprado" ese espacio en el que hemos aparecido, o bien puede ser una valoración informativa, que supone la multiplicación por tres de las tarifas publicitarias, ya que tiene más valor el consumo de información que de anuncios publicitarios y su impacto en la audiencia es mayor, pues se presenta como un contenido propio del medio y no como publicidad de un tercero que pretende convencernos de algo.

Fecha	Acción	Titular	Tipo de Medio	Medio	Link o archivo	Valoración económica
día/ mes/año	Nota de prensa, entrevista, declaraciones, artículo de opinión, etc.	Cómo ha titulado el medio la información	Digital, prensa escrita, radio o televisión	Nombre del medio	Enlace a la publicación digital o archivo *offline*	Importe estimado en euros

Imagen 22. Ejemplo de estructura de *clipping* de prensa.

Por supuesto que esta tabla es orientativa e incluye los campos que a mí me parece imprescindible conocer, pero podrías prescindir de alguno de ellos o bien incluir otros, por ejemplo si el alcance del medio es local, regional, nacional o internacional, el dato de audiencia de cada medio, la duración del impacto en medios como la radio o la televisión, etc. Lo importante es que tu *clipping* arroje los datos que tú necesitas medir. En todo caso, es habitual contar con el apoyo de una agencia —habitualmente la agencia a través de la que se canaliza la relación con los medios,

---

20 Los medios digitales sí que pueden facilitar una información más detallada de usuarios alcanzados o clics que ha recibido la noticia. Pero aún así nunca podremos asegurar cuántas personas han leído la información a fondo o han retenido nuestros mensajes, nuestra marca.

pero puede ser también una agencia de *clipping* específicamente— que cuenta con las herramientas para recoger todos los impactos y que puede facilitar un análisis profesional y completo, con una valoración de la trayectoria de impactos que se ha logrado hasta el momento, además de incluir un resumen final y plantear nuevas acciones para tratar de mejorar los datos.

8.3.7   La importancia de los buenos portavoces

Si llevamos diciendo desde prácticamente el inicio de este manual que la comunicación requiere una gestión estratégica en cualquier organización, no podemos dejar la representación de la misma ante la opinión pública en manos de una persona que no tenga las suficientes habilidades comunicativas, la experiencia y el conocimiento de la empresa necesarios. Es decir, el portavoz (o portavoces) que se va a convertir en el **rostro visible** de la entidad y en su **voz ante los medios**, debe ser un profesional de la comunicación o, al menos, contar con las suficientes herramientas como para gestionar adecuadamente sus intervenciones públicas.

En función de la dimensión de la organización y de su diversificación de actividades, cabe la posibilidad de contar con varios portavoces para casuísticas o temas diferentes: pensemos en una situación de crisis reputacional, en el lanzamiento de un nuevo producto, en la explicación de una acción de responsabilidad social concreta, en la presentación de resultados económicos, etc. Puede que el portavoz "oficial", por catalogarlo de algún modo, decida cederle el protagonismo a otro responsable de la entidad que conozca mucho mejor un tema concreto y sea capaz de explicarlo con mayor eficiencia. Es positivo, de hecho, que exista más de una figura con esta función para facilitar la disponibilidad cuando los medios lo requieran y no cargar con estas labores a una sola persona que tendrá, seguro, ya de por sí una agenda repleta porque suelen ser altos cargos de la organización.

> *A través de los medios, generamos opinión pública,*
> *por tanto no es poco importante contar con portavoces*
> *con las **habilidades** y la **formación**[21] necesarias*

En todo caso, pese a que tradicionalmente el portavoz de una organización ha sido su máximo responsable —el presidente, director general, consejero delegado, propietario, etc.—, insisto en que una de las claves es que cuente con las habilidades suficientes para ejercer de portavoz, y esos altos cargos no siempre tienen ese carisma,

---

21   Octavio Isaac Rojas Orduña realiza en su libro *'Relaciones públicas, la eficacia de la influencia'* una amplia y clarificadora explicación sobre cómo debe formarse un portavoz, por si te interesa ampliar esta información.

ese *punch* o esa facilidad para desenvolverse ante los medios, por lo que puede elegirse otro perfil o bien puede formarse a ese máximo responsable para convertirlo en un buen portavoz. Si bien es cierto que es importante que sea una persona con autoridad jerárquica, ya que en muchos casos los medios pedirán específicamente a un alto responsable de la entidad.

¡Alerta! Jefe a la vista

"Escríbeme tú el artículo que yo lo firmo y ya está"

Como responsables del área de comunicación, debemos elaborar escritos de muy diverso tipo. En algunas empresas existe la figura del *copywriter* para este fin, como ya hemos visto. Cartas, discursos, artículos, guiones para eventos, *post* para el blog, contenido para redes sociales, etc. Y un sinfín de textos más. Pero lo habitual cuando se va a publicar un artículo en un medio firmado por un especialista concreto de la organización que no somos nosotros o por un alto directivo es que ese trabajo sea revisarlo, una vez escrito por esa persona a quien se le presupone la capacidad de hacerlo por su *know how*, adecuarlo si es preciso a la voz de la organización, a su identidad verbal, incluso corregir algunas erratas o discordancias. Pero sí, también hay jefes que te ordenan, como buenos jefes que son, claro (y no líderes), que los artículos que deban firmar ellos los redactes tú desde cero. Ellos luego dan el ok, ponen su nombre y ¡listo! Lo cual demuestra, si lo haces bien, que tú eres el experto en ese campo y que si no lo firmas es porque su puesto es jerárquicamente más alto, pero el mérito es tuyo, aunque te pida que se lo regales. Un abuso de poder más de jefes que confunden autoridad con autoritarismo.

En resumen, pensemos que "el que porta la voz" es una persona autorizada, que ha sido elegida por la organización y habla en nombre de esta, siendo su rostro visible y su voz ante los medios y otros foros, por lo que debe representar los valores y la identidad de la organización y hacer propias las opiniones de esta; que ha de hacer un uso adecuado de las habilidades de comunicación, liderazgo, inteligencia emocional y otras habilidades sociales, que tiene autoridad jerárquica y a quien se le otorga credibilidad por parte de la audiencia.

Preocuparse por formar a buenos portavoces es sin duda una inversión para la organización, ya que no basta con contar en el equipo con grandes expertos en su terreno profesional: aprender a comunicar mejor redundará en enormes beneficios para la empresa.

*El porcentaje de personas que son **expertos en su campo***
*y, además, son **grandes comunicadores** es muy pequeño*

Para poner en valor el alcance y la enorme importancia que tiene el portavoz de una organización, podemos destacar tres claves de su trabajo que no podemos perder de vista:

1. **El portavoz es generador de opinión pública.** Fundamentalmente a través de los medios de comunicación, pero también de conferencias, ponencias, charlas, representación en eventos, etc., el representante de una organización tiene la capacidad de influir en la opinión del público respecto a la organización, y esto es clave, ya lo sabemos, para configurar la deseada imagen percibida que pretendemos.

2. **El portavoz influye en la reputación de la organización.** No solo en la imagen, sino que cualquier declaración pública del portavoz puede originar una crisis reputacional si este no está alineado con los valores de la organización, no se expresa con seguridad o incluso miente. Pero también al contrario, claro: con sus intervenciones, el portavoz puede mejorar el modo en que es valorada la organización.

3. **El portavoz puede herir sensibilidades.** Ha de manejar, por tanto, la asertividad, la empatía y, en suma, la inteligencia emocional. A estas cualidades hay que sumar la experiencia en la respuesta a preguntas incómodas o con la inmediatez y espontaneidad que implican los nuevos medios, como las redes sociales, ya que una falta de costumbre nos puede jugar malas pasadas y podemos acabar, no solo perjudicando a la organización como apuntábamos antes, sino también hiriendo la sensibilidad de otras personas del público. De ahí en parte la importancia de una correcta formación de los portavoces, para que sean capaces de responder adecuadamente ante situaciones informales o especialmente tensas.

Es evidente, visto lo anterior, que las cualidades de un buen portavoz se entrenan y adquieren con el tiempo, aunque hay personas que tienen innatas algunas de ellas o una mayor facilidad para desarrollarlas:

1. **Conocimiento** de la organización, de su identidad corporativa, del mercado en el que la empresa opera, de los medios, de las herramientas de comunicación y habilidades sociales necesarias, y siempre con una mente abierta a aprender y adaptarse a nuevos cambios en el entorno.

2. **Experiencia y confianza en sí mismo** para aportar la necesaria solidez a la intervención, credibilidad, profesionalidad y rigor. Eso sí, no ha de confundir confianza con arrogancia.

3. **Empatía, humildad y cercanía.** Ha de tener capacidad de escucha y comprensión de la necesidad del medio en el que intervenga o de la audiencia a la que se dirija, estableciendo relaciones basadas en el respeto mutuo entre las dos partes. Así mismo, es importante que acepte las opiniones referentes a la organización, incluso cuando sean negativas, tomándolas como una oportunidad de mejora y no como un ataque personal. Para eliminar las posibles barreras con los públicos, es importante mantener el equilibrio entre la seriedad y profesionalidad con un trato ameno, cercano.

4. **Honestidad.** Esta máxima es imprescindible: hay que decir siempre la verdad. Cuando algo no se sepa, se debe reconocer que se desconoce y ofrecer la posibilidad de averiguarlo en otro momento, pero nunca presuponer nada, ya que se podrían realizar declaraciones que no se correspondan con la realidad, trasladando, por tanto, mentiras, medias verdades o provocar interpretaciones erróneas.

5. **Simpatía.** Mostrar don de gentes y una sonrisa es importante para conectar y generar confianza, pero cuidado con forzar la sonrisa. Tengamos en cuenta que no todo el mundo tiene un gesto sonriente en la cara de manera permanente y natural, lo cual no quiere decir que no pueda mostrar una expresión amable. Mantener una adecuada postura y un cuidado aspecto de la apariencia también nos proyecta de un modo más adecuado, nos ayuda a generar simpatía hacia nosotros y, por ende, hacia nuestra organización.

6. **Positividad.** El portavoz ha de referirse siempre en positivo a la organización y su actividad o posibles problemas que esta esté afrontando, sin maquillar o dulcificar en exceso, claro, los datos o noticias negativas.

7. **Asertividad.** Se trata de realizar una comunicación inteligente y segura del mensaje sin agresividad ni hostilidad, generando conexiones emocionales y no atacando, por ejemplo, a la competencia ni poniéndose a la defensiva ante los ataques, evitando caer en la provocación, el insulto o la crítica feroz. Este control cuando comunicamos pasa por manejar adecuadamente nuestra inteligencia emocional.

8. **Expresión verbal clara.** Hay que ser conciso y directo, tanto por la claridad del mensaje como por los tiempos que manejan normalmente los medios (requieren mensajes cortos con las ideas fundamentales). Es imprescindible, de nuevo, conocer a fondo la identidad de la organización para expresarnos adecuadamente sobre ella. Dotar de estructura coherente a los mensajes, priorizar, dosificar y segmentar los mismos en base a los tiempos y/o los medios a través de los

que estemos comunicando y tener en cuenta el lenguaje utilizado, la correcta dicción, la respiración, el tono de voz o el ritmo son algunos consejos para mantener una clara expresión verbal.

9. **Expresión no verbal coherente.** Nuestros gestos o actitud comunican tanto o más que nuestras palabras. Por ello, el portavoz debe cuidarse de mantener un contacto visual con el periodista, la cámara o la audiencia, controlar su gestualidad y movimiento corporal, que ha de acompañar coherentemente a sus palabras y, como apuntaba antes, cuidar también su correcta apariencia física.

Las organizaciones cuentan con un banco de **fotografías de sus portavoces** para poder facilitárselas a los medios de comunicación a fin de ilustrar un artículo o una entrevista, por ejemplo. No está de más tener en cuenta algunas consideraciones en este sentido. Algunas de ellas pueden parecer muy evidentes, pero te sorprenderás al encontrarte con algunos errores de bulto en algunas fotografías corporativas que, atendiendo un poco al detalle, se podrían evitar. Recuerda que se trata de dar la mejor imagen posible de la organización:

1. Sobre la duda de la **sonrisa** o la **formalidad**, lo ideal es contar con imágenes donde el portavoz sonría y otras donde se muestre más serio, a fin de utilizar una u otra en función del contexto o tema a tartar.

2. La posición erguida, con la **espalda y cabeza rectas**, es la más adecuada, ya que mostrarse encorvado o con la cabeza de lado puede dar una sensación excesivamente informal o dulcificada.

3. Los **vellos** no son buenos aliados de las fotografías: a veces asoman en las orejas, en la nariz o en el pecho, y eso tampoco traslada una buena imagen. Es bueno recortarlos antes para aportar una sensación de mayor pulcritud. Lo mismo sucede con la barba —si la hubiera— y con el cabello: deben estar bien arreglados o, en el caso de la primera, rasurada, no siendo recomendable mostrar una barba de pocos días que pueda aportar un aspecto cansado al rostro o incluso, en opinión de algunos, poco higiénico.

4. Organizar una sesión de fotos profesional puede ser costoso, por lo que aconsejo que se utilicen **varios estilismos** en una misma sesión para contar con un mayor banco de imágenes diferentes y no ser repetitivo con las mismas fotos una y otra vez.

5. El famoso lema de **menos es más** es importante en cuanto a la sobriedad de detalles en las fotografías corporativas: no se recomienda el uso de corbatas o pañuelos con colores estridentes o con estampados llamativos, pendientes muy voluminosos o collares extravagantes.

6. Tenemos un aliado muy importante: el **retoque digital**. Si ha fallado algunos de los detalles citados anteriormente o si la persona en cuestión aparece con

unas ojeras muy marcadas que le den un aspecto cansado a la mirada, con los ojos rojos o alguna mancha o grano indeseado que no se ha podido ocultar con maquillaje, siempre podemos recurrir a herramientas como *Photoshop* para mejorar las fotografías.

INFLUENCERS Y EMBAJADORES, PAGADOS O GANADOS

También podemos incluir dentro de los medios ganados a aquellas personas que cuentan con influencia en los públicos que nos interesan, normalmente en el entorno digital y que de forma genérica llamamos *influencers*, es decir, personas influyentes: *youtubers*, *instagramers*, *twitteros*, blogueros o *bloggers*, etc. Si bien es cierto que si estas personas, muchas de las cuales hacen de esa posición influyente su profesión, cobran por estas acciones, no estaríamos hablando de medios ganados, sino pagados. Podemos convertir a alguna de esas personas en embajador de la marca, lo cual trasciende su presencia en sus redes y puede convertirse incluso en la imagen de la organización en cualquier campaña publicitaria, asumiendo la entidad, como en el caso del patrocinio, los riesgos que puede acarrear la imagen pública o comportamiento de estas personas para la marca cuando no sea el adecuado.

El embajador de una marca debe representar la identidad corporativa, identificándose con sus valores y acercando tanto a la marca como aquello que esta hace u ofrece a los públicos compartidos entre él y la organización. Por tanto, al alzarse como cara visible de la marca, se debe buscar un perfil de embajador "blanco", no vinculado a grandes polémicas mediáticas y que caiga bien, además de tener la suficiente proyección pública entre el *target*. Su trabajo, claro, debe llevarse a cabo con una estrategia de comunicación consensuada con la organización y que se adecúe a cada uno de los canales utilizados para la promoción de la marca: redes sociales, asistencia a eventos, intervenciones en medios, etc.

8.4   LAS RELACIONES INSTITUCIONALES

La comunicación con las instituciones es, qué duda cabe, una fórmula de comunicación externa, pero he decidido darle un apartado individual por sus especificidades. Cuando hablábamos de los públicos de una organización y de sus grupos de interés, sus *stakeholders*, vimos que uno de ellos eran las instituciones, tanto los poderes públicos (administraciones locales, regionales, nacionales, el Gobierno de la Nación, la Casa Real, etc.), como otras organizaciones privadas (cámaras de comercio, universidades, institutos de empresa, organizaciones no gubernamentales, etc.).

Estas instituciones nos pueden interesar por diferentes motivos, como puede ser el mero hecho de compartir actividad o bien de compartir un mismo espacio geográfico y social, por cómo pueden contribuir a mejorar nuestra reputación, por depender de ellas ciertas subvenciones que nos interesan, por poner en marcha proyectos de forma conjunta, por ser claves para la obtención de ciertos permisos administrativos, etc. En muchas ocasiones, el objetivo fundamental es influir en una decisión administrativa. Es decir, la organización ejerce presión para que los poderes públicos adopten medidas que puedan beneficiar a la organización o a la misión de la misma, a sus públicos, ejerciendo incluso como asesora de aquellos temas en los que es especialista y puede clarificar ciertas ideas para que la administración tome decisiones más conscientes, mejor fundamentadas. Es importante, por tanto, conocer bien la legislación vigente y las competencias de cada una de las administraciones para ejercer esta labor, además con contar con los contactos oportunos y cuidar la relación con ellos.

A ese interés que existe con mantener una saludable, fluida y recurrente relación con estas organizaciones, bien sean públicas o privadas, por parte de una compañía es a lo que llamamos relaciones institucionales, que no deja de ser una rama más de la comunicación corporativa o las relaciones públicas, pero que se aborda en muchas ocasiones con personal o con un departamento propio por ir dirigida a un público especialmente sensible y diferencial. El puesto puede implicar la asistencia a foros de participación, congresos, debates, reuniones con los entes reguladores, coordinación de varios organismos para encuentros o acciones concretas, etc. En fin, se debe ser un buen comunicador y también un buen estratega, un buen negociador y conocedor del funcionamiento de la administración.

UN CASO REAL

Ejemplos de buena gestión de comunicación interna:
Volkswagen

El Programa *Work & Life* de Volkswagen fue premiado como la mejor práctica de comunicación interna de España e Iberoamérica. Se trata de una iniciativa que busca el equilibrio entre la vida personal y profesional de los trabajadores de la compañía, impulsando, por un lado, la carrera de los miembros de sus equipos y promoviendo, por otro, un estilo de vida saludable, el bienestar de las personas y su orgullo por pertenecer a Volkswagen.

Dentro del primero de los términos, *Work*, se engloban iniciativas como *Work & HorizON* para preparar a los equipos de cara a los retos del futuro en cuanto a la eficiencia o las nuevas tecnologías; *Work & Move On*, para impulsar el talento y ofrecer a los trabajadores oportunidades de crecimiento y movimiento dentro de la propia organización y *Work & Leadership in transformation*, orientada en este caso a los líderes de la compañía para que sean su mejor versión y puedan afrontar los momentos de incertidumbre o de cambio, cada vez más común en el entorno empresarial.

Por su parte, dentro del concepto *Life* encontramos *Life & People*, que ofrece actividades para el disfrute y ocio de sus trabajadores, reconociendo su esfuerzo laboral; *Life & Care*, que pone a disposición de los equipos un centro médico en las propias oficinas de la empresa y promueve un estilo de vida saludable, y *Life & Positive*, que refuerza el compromiso social y medioambiental de la compañía, haciendo partícipes también a sus trabajadores.

Solamente el concepto unificador que da nombre a la campaña y que agrupa todas estas divisiones es ya una elección muy acertada. Pueden existir otras empresas con iniciativas similares en algunos de esos ámbitos o en varios, pero aglutinarlos bajo el paraguas de esta campaña de larga duración es sin duda parte de su éxito. Además, la empresa congrega toda la información relacionada con esta iniciativa en un *site* con información completa, bien organizada y visualmente atractivo, alineado, claro, con la identidad visual de la marca. Volkswagen incide, con esta estrategia, en los puntos que más pueden interesar a sus trabajadores para asegurar su bienestar, retener su talento en la empresa y favorecer una imagen entre ellos de organización comprometida y buen lugar de trabajo.

UN CASO REAL

Ejemplos de buena campaña publicitaria con compromiso social:
Dove

Este ejemplo podría servirnos también en el último bloque de este manual, cuando hablemos del compromiso social de las empresas, pero lo incluyo aquí por nacer como una campaña publicitaria: en 2007, la firma Dove lanzó una campaña relacionada con los estándares de belleza femeninos imperantes y logró abrir un debate social al respecto de gran calado que comenzó con la viralización de contenido audiovisual y que ha evolucionado a lo largo de los años especialmente en el entorno de las redes sociales.

Según la propia compañía declara aún hoy en su web, *"la belleza debería ser una fuente de confianza, no de ansiedad. Dove anima a las mujeres a mostrar su mejor versión, porque verte y sentirte mejor te hace ser más feliz"*. Es decir, la empresa ha convertido el lema de esta campaña en su mantra, en su seña identitaria, reconociendo que la ha ayudado a aumentar sus ventas notablemente, a llegar a nuevos públicos —cada vez más, elegimos a marcas con compromiso y empáticas— e incluso anima a sus clientes a ofrecerse para ser su imagen publicitaria. Buscan, de forma literal, la belleza real, la de las personas de a pie.

Esto les permite contar historias reales —*storytelling*—, mostrar la diversidad que existe en nuestra sociedad sin retoque digital de las personas participantes y favorecer la conciencia social sobre la aceptación de los cuerpos no normativos, sobre la belleza que existe en cada uno de nosotros y, algo que Dove pone especialmente en valor, sobre la autoestima de niños y jóvenes, que son especialmente sensibles ante los prototipos de belleza imperantes que se perpetúan, por ejemplo, en las redes sociales que tanto consumen. Un claro ejemplo de cómo, apelando a una cuestión social, se puede lograr que una empresa mejore notablemente sus cifras de negocio al mismo tiempo que refuerza su compromiso y mejora la sociedad con una campaña en su origen puntual, pero que ha dotado a la marca y su misión de herramientas y de valores que ahora impregnan toda su identidad y con una clara alineación a sus productos.

RESUMEN
Comunicación interna y externa

1. La comunicación interna y la externa, ambas estratégicas, agrupan las herramientas con las que contamos en comunicación corporativa para lograr los deseados objetivos de la definición de la misma.

2. La comunicación interna busca informar a los públicos internos sobre aquella información relacionada con la organización que pueda ser de su interés o deban conocer y también contagiarles los valores de la organización a través de diferentes canales, tanto *online* como *offline*, a fin de reforzar la cultura corporativa.

3. La comunicación externa es a través de la cual la organización llega a sus públicos externos a través de sus propios medios (web, blog, *newsletter*, redes sociales, revistas, memorias, dosieres, presentaciones, vídeos corporativos...); medios pagados (publicidad *online* y *offline* y patrocinio) y medios ganados (la relación con los medios de comunicación a través de comunicados, ruedas de prensa, encuentros con periodistas, el dosier de prensa, las entrevistas y artículos o columnas de opinión y los portavoces).

4. Las relaciones institucionales son una fórmula específica de comunicación externa para estrechar la relación con los poderes públicos o con otras instituciones privadas.

BIBLIOGRAFÍA BÁSICA

Álvarez de Miranda, Pedro (2018), *El género y la lengua*, Turner.

Asociación de Directivos de Comunicación (2015), *Manual de la comunicación*. Dircom

Casanoves Boix, Javier (2017), *Fundamentos de branding. Claves para construir una marca poderosa*. Profit Editorial.

Cavallo, Giuseppe (2015), *El marketing de la felicidad. Estrategias de marketing responsable para un mundo mejor*. Códice Ediciones.

Delegación del Rector para la Diversidad e Inclusión de la Universidad Complutense de Madrid (2021), *Guía de comunicación y trato inclusivo*. Ediciones Complutense.

Erviti Ilundáin, M.C. (2019), *Manual básico de Comunicación Corporativa*. Ediciones Universidad de Navarra.

Fernández Orellana, Óscar (2016), *Así persuaden los líderes. Lo que debes saber para influir positivamente en las personas*. Libros de cabecera.

Godin, Seth (2019), *Esto es marketing*. Alienta Editorial.

Godin, Seth (2019), *La vaca púrpura. Diferénciate para transformar tu negocio*. Booket.

Jiménez-Morales, Mònika y M. Panizo Alonso, Julio (2017), *Eventos y protocolo. La gestión estratégica de actos corporativos e institucionales*. Editorial UOC.

Montolío, Estrella (2020), *Cosas que pasan cuando conversamos*. Ariel.

Padula, Euprepio (2014), *El coaching del peluche rosa*. Rasche.

Real Patronato sobre Discapacidad (2019), *Guía de estilo sobre discapacidad para profesionales de los medios de comunicación*. Ministerio de Sanidad, Consumo y Bienestar Social.

Rojas Orduña, Octavio Isaac (2012), *Relaciones públicas. La eficacia de la influencia.* Libros profesionales de empresa, ESIC.

Rovira Pardo, Cristian (2016), *Responsabilidad Social Competitiva, Empresas que hacen bien su trabajo y el bien con su trabajo*, Empresa Activa.

Viejo, Teresa (2022), *La niña que todo lo quería saber. La curiosidad: claves para una vida más inteligente y feliz.* Haper Collins.